味つけのきほん

ずっとつかえる

たれ ソース

武蔵裕子

はじめに

毎日のごはん作りに役立つ、自家製の「たれ」を作ってみませんか？
本書では、定番料理のたれや、万能めんつゆ、トマトソースなど、
ぜひ覚えたい基本のたれを紹介しています。

ドレッシングやディップは、さまざまなバリエーションを取り上げています。

味つけが決まれば、料理はもっと楽しくなります。
自家製のたれで、おいしく楽しい毎日となりますように！

Contents

Part 2

覚えておきたい 基本のたれ、つゆ、ソース

Part 4 楽しさ広がる 鍋のつゆとつけだれ

Part 5 混ぜるだけのご飯とパンの供

●この本の特徴

普段使いの調味料で作れます

この本では主に基本調味料（「砂糖」、「塩」、「酢」、「しょうゆ」、「みそ」）とソース、マヨネーズ、トマトケチャップ、はちみつや油など、家によくある調味料で作れるたれとソースを紹介しています。

いつもの調味料だって味のバリエーションは広がります

香辛料や香味野菜で

香辛料やハーブを加えると、味に幅や奥行きが出て本格的に。にんにく、しょうがといった香味野菜や、ごまも欠かせない食材です。

野菜で

ドレッシングにすりおろした野菜をプラスしたり、刻んだ野菜をたっぷり入れたり。野菜を合わせると、彩りと風味でランクアップした味わいに。

この本で紹介しているたれのタイプ

この本では主に3つのタイプのたれを紹介しています。いずれも手間なく、思い立ったらすぐに作れるようにレシピを工夫しています。

TYPE 1

直入れだれ

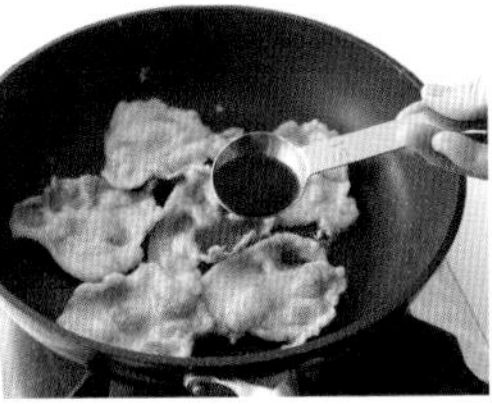

フライパンや鍋の中に直接調味料を入れていくタイプのたれです。火加減さえ注意すれば、最初に合わせておかなくても大丈夫。調理途中に混ぜている間に味がなじみます。

TYPE 2

混ぜだれ

材料を混ぜてかけるだけ、加熱する必要のないたれです。日持ちのするたれは、多めに作ってストックしておいても。

TYPE 3

直溶き水だれ

とろみをつけるタイプのたれは、水溶き片栗粉を別に作らず、調味料に混ぜてしまえるようにレシピを工夫しました。ゆっくり水分をとばしていくので、たれが固まってだまになる心配がありません。

この本の使い方

タイプ別・シーン別アイコン

かけて使う、煮汁として使うなど、たれの使い方、たれの種類やたれの味が想像しやすいよう、和洋中といった料理ジャンル、「お酒に合う」などのおすすめシーンをアイコンで紹介しています。

定番料理のたれ 和風

しょうが焼きのたれ

王道の豚肉のしょうが焼き。たれは混ぜ合わせず、直接入れると楽チンです

直入れだれ

16

材料・2人分

（たれの材料）

- 酒 … 大さじ1
- みりん … 大さじ2
- しょうゆ … 大さじ1と½
- しょうが汁 … 大さじ½

豚ロース薄切り肉（しょうが焼き用）
… 6枚（200〜250g）
（小麦粉適量）
玉ねぎ（くし形切り）… ½個
ピーマン（乱切り）… 小2個
サラダ油 … 大さじ1
塩、こしょう … 各少々

作り方

1 豚肉は茶こしなどで小麦粉を薄くまぶす。玉ねぎは1枚ずつはがす。
2 フライパンにサラダ油の½量を中火で熱し、玉ねぎ、ピーマンを入れ、ややしんなりするまで炒める。軽く塩、こしょうをふって器に盛る。
3 フライパンに残りのサラダ油を入れ、豚肉が重ならないように並べ入れる。焼き色がつき、カリッとするまで両面を焼き、たれの材料を順に回し入れる。火力を強くして、フライパンをゆすりながら煮詰める。全体にたれがからみ、照りが出たら火を止め、器に盛る。

たれを入れたら、こげつかないように手早く煮詰める。加熱時間が長くなると、肉が硬くなるので注意

17

たれを入れたら、こげつかないように手早く煮詰める。加熱時間が長くなると、肉が硬くなるので注意

おいしくなるポイント

料理をおいしく仕上げるために押さえておきたいポイントを、理由とともに説明しています。

ひと目でわかる調味料アイコン

調味料の量がぱっとわかるよう、
アイコンで表示しています。

材料・2人分

（たれの材料）

酒 … 大さじ1

みりん … 大さじ2

しょうゆ … 大さじ1と½

しょうが汁 … 大さじ½

[この本の決まり]

- 小さじ1は5㎖、大さじ1は15㎖、1カップは200㎖です。
- 材料表に表記しているgは、特に記載がない限り、皮やヘタ、種などを取り除いた正味の重量です。
- 電子レンジの加熱時間は600W、オーブントースターの加熱時間は1000Wのものを基準にしています。
- みりんを電子レンジで加熱して使うときは、ラップをせずに加熱してアルコールをとばしてください。

作ったたれを
おいしく保存

保存容器の消毒方法

せっかく作ったたれは、最後までおいしく食べきりたいもの。保存状態によって、日持ちが変わってきます。たれを長持ちさせる、容器の消毒方法などを覚えておきましょう。

アルコールスプレーで消毒しきれいに乾かします

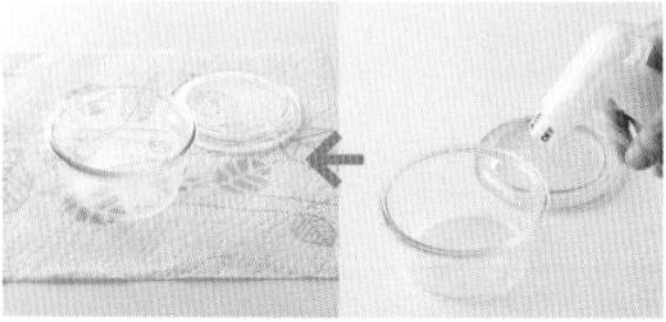

保存容器はきれいに洗い、乾かしたものを使いましょう。保存食を入れる場合は熱湯で煮沸消毒すると万全ですが、アルコールスプレーを吹きかけ、そのまま自然乾燥してもOK。完全に乾いてから入れましょう。

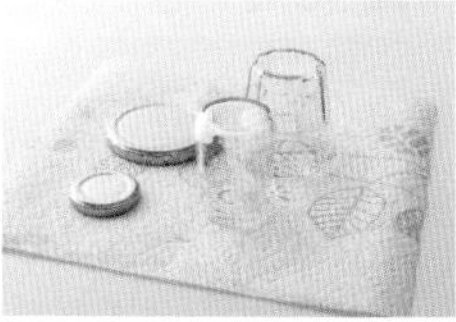

瓶は内部をきれいに洗った後、アルコールスプレーを吹きかけ、清潔なふきんやペーパータオルの上に口を下にして置き、乾かしましょう。内側をふきんで拭くと、逆効果なことがあります。

使う分だけを清潔なカトラリーで取り分けて

たれを取り分けるときは、清潔な乾いたカトラリーで使う分だけを取り分けて。取り分けのときに雑菌が入りやすいので、注意しましょう。冷蔵室からの出し入れで、温度が変化するのも要注意。

Part 1

3つのタイプ別 定番料理のたれ

直入れだれ

混ぜだれ

直溶き水だれ

定番料理のたれをご紹介します。種類は、直接鍋やフライパンに調味料を入れる「直入れだれ」を中心に3タイプ。

しょうが焼きのたれ

王道の豚肉のしょうが焼き。
たれは混ぜ合わせず、
直接入れると楽チンです

直入れだれ

材料・2人分

（たれの材料）

- 酒 … 大さじ1
- みりん … 大さじ2
- しょうゆ … 大さじ1と½
- しょうが汁 … 大さじ½

豚ロース薄切り肉（しょうが焼き用）
　… 6枚（200〜250g）
（小麦粉適量）
玉ねぎ（くし形切り）… ½個
ピーマン（乱切り）… 小2個
サラダ油 … 大さじ1
塩、こしょう … 各少々

作り方

1 豚肉は茶こしなどで小麦粉を薄くまぶす。玉ねぎは1枚ずつはがす。

2 フライパンにサラダ油の½量を中火で熱し、玉ねぎ、ピーマンを入れ、ややしんなりするまで炒める。軽く塩、こしょうをふって器に盛る。

3 フライパンに残りのサラダ油を入れ、豚肉が重ならないように並べ入れる。焼き色がつき、カリッとするまで両面を焼き、たれの材料を順に回し入れる。火力を強くして、フライパンをゆすりながら煮詰める。全体にたれがからみ、照りが出たら火を止め、器に盛る。

たれを入れたら、こげつかないように手早く煮詰める。加熱時間が長くなると、肉が硬くなるので注意

かれいの煮つけのたれ

ふっくら煮上がった
かれいの煮つけは絶品！
短時間で煮るのがコツ

直入れだれ

材料・2人分

（たれの材料）

みりん … 大さじ1 

砂糖 … 大さじ½ 

しょうゆ … 大さじ1と½ 

水 … 1と¼カップ 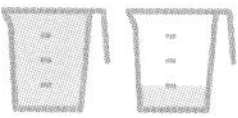

かれいの切り身 … 2切れ
しいたけ … 4個
長ねぎ … ⅓本

作り方

1 かれいは皮目に包丁で斜めに切り込みを入れる。しいたけは軸を切る。ねぎは食べやすく切る。

2 鍋に水を入れて中火にかけ、調味料を順に入れる。煮立ったらかれいを皮目を上にして並べ入れる。しいたけとねぎを加え、アルミ箔を鍋の口径よりひと回り小さな円形(落としぶた)にしてのせる。ときどき煮汁をかけながらやや弱めの中火で8分煮て火を止める。

最初にみりんを入れて、アルコール分をとばします

皮がはがれやすいので、魚は途中で上下を返さずに煮ます

ぶり照り焼きのたれ

ぶりの照り焼きのたれは
大きな気泡が出てくるまで、
しっかり煮詰めて

直入れだれ

材料・2人分

（たれの材料）

砂糖 … 大さじ½

みりん … 大さじ1

しょうゆ … 大さじ1と½

ぶり … 2切れ
（小麦粉適量）
玉ねぎ（縦に薄切り）… ½個
（塩少々）
貝割れ菜 … ⅓パック
サラダ油 … 大さじ½

作り方

1 玉ねぎは塩少々をまぶしてから水にさらし、ザルに上げて水けをよく絞る。貝割れ菜は根元を切り落とし、玉ねぎと混ぜる。ぶりに小麦粉を薄くまぶす。

2 フライパンにサラダ油を引き、冷たいままのぶりを入れて中火にかける。焼き色がついたら上下を返し、2分焼く。身が厚い場合はふたをする。ペーパータオルでフライパンの余分な脂を拭き取り、たれの材料を順に入れる。フライパンをゆすりながら煮詰め、照りが出て大きな気泡ができるようになったら火を止める。器に盛り、野菜を添える。

焼いたときに出る脂は拭き取ってからたれを入れるほうが、すっきりした味になります

いわしの梅煮のたれ

いわしの梅煮の火かげんは白身魚よりは弱め、全体に味を煮含めて

直入れだれ

材料・2人分

（たれの材料）

酒 … 大さじ2

砂糖 … 大さじ1

みりん … 大さじ1

しょうゆ … 大さじ2

水 … 1カップ

いわし… 中4尾
梅干し（甘くないもの）…（中～大）1個

作り方

1 いわしは頭を切り落とし、腹を幅1cmくらいに斜めに切り落として内臓を出し、流水でよく洗ってペーパータオルで水けを拭く。

2 鍋に水を入れて中火にかけ、調味料を順に入れる。梅干しを加え、煮立ったらいわしを並べ入れる。アルミ箔を鍋の口径よりひと回り小さな円形（落としぶた）にしてのせる。ときどきふたをはずし、煮汁をかけながら弱めの中火で7～8分煮て火を止める。

くさみが残っていると汁全体がくさくなるので、よく洗います

小あじの南蛮漬けのたれ

体をしゃっきり元気にしてくれる
小あじの南蛮漬け。
だし汁で酸味をまろやかにします

直入れだれ

材料・2人分

（たれの材料）

酢 … ¼カップ

しょうゆ … 大さじ½

砂糖 … 大さじ½

だし汁 … ⅔カップ

赤唐辛子（小口切り） … １本

小あじ … 6～7尾
（塩、こしょう各少々　片栗粉適量）
長ねぎ（縦半分に切って斜め薄切り）… ½本
サラダ油 … 大さじ3

作り方

1 あじはエラ、ゼイゴ、腹ワタを取って流水でよく洗い、ペーパータオルで水けを拭く。

2 バットにたれの材料を入れて混ぜ合わせ、ねぎを加えて混ぜる。

3 **1**に塩、こしょうをし、片栗粉を薄くまぶす。フライパンにサラダ油を入れ、冷たいうちにあじを入れ、弱めの中火で4～5分、ときどき返しながら揚げ焼きにする。油をきって熱いうちに**2**に漬ける。

漬け汁がよくしみ込み、酢の作用であじの骨が柔らかくなります。小あじではなく、三枚おろしの切り身や、鮭でも

さばのみそ煮のたれ

さばのみそ煮は、最初はしょうゆやみりん味で煮て、仕上げにみそを溶き入れ、風味よく

混ぜだれ

材料・2人分

（たれの材料）

みそ … 大さじ1と½

A酒 … 大さじ3

みりん … 大さじ2

砂糖 … 大さじ1と⅓

しょうゆ … 小さじ2

水 … 1と½カップ

しょうが（薄切り）… 2〜3枚

さば（2枚おろし・半身）… 大1枚（170〜180g）

貝割れ菜 … 適量

作り方

1 さばは半分に切って、皮目に浅い切り込みを入れる。

2 鍋に**A**を入れて混ぜ、中火にかける。煮立ったらさばの皮目を上にして入れる。アルミ箔を鍋の口径よりひと回り小さな円形（落としぶた）にしてのせる。ときどきふたをはずし、煮汁をかけながら中火で7〜8分煮る。煮汁が⅓量くらいになったらみそを加えて煮汁で溶きのばし、身にかけながら照りが出るまで3分ほど煮る。貝割れ菜を添える。

皮がはがれやすいので、魚は途中で上下を返さずに煮ます

茶碗蒸しのたれ

フライパンに湯を張り、直接器を並べて蒸す地獄蒸し茶碗蒸しです

直入れだれ

材料・2人分

（たれの材料）

酒 … 小さじ½

塩 … 小さじ⅓

薄口しょうゆ … 小さじ½

だし汁 … 1カップ

卵（M～L玉）… 1個

鶏ささ身（薄いそぎ切り）… 1本
（酒少々）
かに風味かまぼこ（3つに切る）… 4本
しいたけ（薄切り）… 1個
ぎんなん（缶詰）… 6～8個
三つ葉 … 適量

作り方

1 ささ身は酒をふる。ボウルに卵を割り入れ、白身を切るようにほぐす。だし汁とほかのたれの材料を加えてざっと混ぜ、万能こし器でこす。

2 それぞれの器にささ身を2切れ残してしいたけとともに入れ、**1**のたれを静かに注ぎ入れる。表面の泡はペーパータオルで吸わせて除く。フライパンに水を2～3cm深さまで注ぎ、火にかける。沸騰したら一度火を消して器を並べ入れる。ふたをして火にかけ、強火で1分、ごく弱火にして約10分蒸す。5分たったところで残しておいたささ身とかにかま、ぎんなんをのせる。再びふたをして5分ほど蒸す。取り出して三つ葉をのせる。

直接湯が当たる分、すが立ちやすいので火かげんに注意して

野菜炒めのたれ

野菜炒めは、
鶏ガラスープの素などを合わせ、
お店のようなメリハリのある味に

直入れだれ

材料・2人分

（たれの材料）

酒 … 大さじ1

鶏ガラスープの素（顆粒）

… 小さじ½

しょうゆ … 小さじ½

塩 … 小さじ⅔

こしょう … 少々

豚こま切れ肉 … 150g
キャベツ（ざく切り）… 大3枚
もやし（ひげ根を取る）… ½袋
玉ねぎ（縦に5mm幅に切る）… ½個
にんじん（細切り）… ¼本
サラダ油 … 大さじ½

作り方

1 フライパンにサラダ油を入れて中火にかける。豚肉を入れて色が変わるまで炒め、野菜を加えて炒め合わせる。

2 ふたをして1分ほど蒸し焼きにして、ふたを取ってたれの材料を順に入れる。強火にして大きく混ぜ、火を止める。

手早く入れていけば、事前に合わせておく必要はありませんが、あせりそうなら混ぜ合わせておいても

ほうれん草のおひたしのたれ

ほうれん草のおひたしは、だし汁を使い、上品な味に。ほかの野菜で作ってもおいしい

材料・2〜3人分

（たれの材料）

しょうゆ … 小さじ2 

塩 … 少々 

だし汁 … ½カップ 

ほうれん草 … 1束(約200g)
(塩少々)

作り方

1 ほうれん草は根元の部分を特によく洗い、土を落とす。フライパンに入れ、水½カップ(分量外)と塩を入れてふたをし、強めの中火で2〜3分蒸しゆでにする。水に放して、水けを絞り、3〜4cm長さに切る。

2 バットにたれの材料を入れて混ぜ、**1**のほうれん草をひたして15〜20分おく。

たっぷり湯を沸かさなくてOK。少なめの水で蒸しゆでにすることで、甘みが立ってきます

切り干し大根のたれ

切り干し大根の煮ものは、
甘辛しょうゆのなつかしい味。
砂糖とみりんでバランスのいい甘さに

直入れだれ

材料・2人分

（たれの材料）

砂糖 … 大さじ1 

みりん … 大さじ1と½ 

しょうゆ … 大さじ1と½ 

だし汁 … 1と½カップ 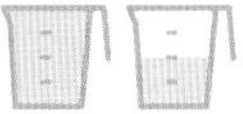

切り干し大根（乾燥）… 20g
にんじん（2～3cm長さの短冊切り）… ⅓本
厚揚げ … ½枚
サラダ油 … 大さじ½

作り方

1 切り干し大根はさっと洗ってからぬるま湯に20分ほどつけてもどし、よくもみ洗いをしてから水けをしっかりきり、食べやすい長さに切る。厚揚げは熱湯を回しかけて油抜きをしてから縦半分に切り、7～8mm厚さに切る。

2 鍋にサラダ油を中火で熱し、切り干し大根を入れて炒める。にんじんと厚揚げを加え、たれの材料を順に入れる。アルミ箔を鍋の口径よりひと回り小さな円形（落としぶた）にしてのせる。ときどきふたを取って混ぜながら弱めの中火で10～12分煮る。

切り干し大根は酸化（糖化）しやすく、クセが出やすいのでよく洗って

ひじき煮のたれ

ひじき煮は、甘さ控えめ。
ひじきをさっと炒めてから味つけすると、
水っぽくなく、味がよく入ります

直入れだれ

材料・2〜3人分

（たれの材料）

- 砂糖 … 大さじ1
- みりん … 大さじ½
- しょうゆ … 大さじ1と½
- だし汁 … 1カップ

ひじき … 15g
油揚げ … ½枚
にんじん（3cm長さの細切り）… ⅓本
サラダ油 … 大さじ½

作り方

1 ひじきは水洗いをしてたっぷりの水に20分ほど浸けてもどし、ザルに上げて水をきる。長ければ食べやすく切る。油揚げはペーパータオルでしっかり押さえて油を吸わせ、縦半分に切ってから細切りにする。

2 鍋にサラダ油を中火で熱し、ひじきを入れてさっと炒める。にんじんを加えて炒め合わせ、油揚げを入れ、たれの材料を順に入れる。アルミ箔を鍋の口径よりひと回り小さな円形（落としぶた）にしてのせる。ときどきふたを取って混ぜながら10分ほど煮る。

お湯をかけて油抜きしなくてもOK

白あえのころも

材料を煮たり、豆腐を水きりしたり、ひと手間かかる白あえ。
でも、手間をかけたのも納得のおいしさ！

混ぜだれ

材料・2〜3人分

（ころもの材料）

砂糖 … 小さじ2

しょうゆ … 小さじ1

すりごま（白） … 大さじ2

木綿豆腐 … ½丁（約150g）

しいたけ（薄切り） … 小2個
にんじん（短冊切り） … ¼本
こんにゃく（あく抜きタイプ・2cm長さの短冊切り） … ¼枚（約60g）
A 砂糖 … 大さじ½
みりん、しょうゆ … 各大さじ1
だし汁 … ½カップ
きゅうり（小口切り） … ½本
（塩小さじ1）

作り方

1 豆腐はペーパータオルに包み、重い皿などをのせ、20〜30分おき、水をきる。きゅうりはボウルに入れて水1カップを注ぎ、塩を加えて混ぜ、10分ほどひたして水けを絞る。

2 鍋に**A**を入れて中火にかけ、煮立ったらしいたけ、にんじん、こんにゃくを入れて汁が完全になくなるまで煮てさます。

3 ボウルに豆腐を小さくちぎって入れ、ゴムべらなどでしっかりつぶし、残りのころもの材料を入れて混ぜる。食べる直前にきゅうりと**2**を加えてあえる。

口当たりがよくなるよう、しっかりめにつぶして

ごまあえのころも

ごまあえは、材料の水けをしっかり取っておくことがおいしさの秘訣。食べる直前にあえて

混ぜだれ

材料・2〜3人分

（ころもの材料）

しょうゆ … 大さじ⅔

砂糖 … 大さじ½

みりん（電子レンジでラップをせずに20秒加熱する）

… 大さじ1

すりごま（白） … 大さじ2

いんげん … 150g

作り方

1 いんげんはへたを切り、熱湯で２分ほどゆでて冷水に取り、さめたら水けをしっかり取って斜めに４～５つに切る。

2 ボウルにころもの材料を入れて混ぜ、食べる直前に**1**を入れてあえる。

野菜から水が出るので、食べる直前にあえます

煮びたしのたれ

小松菜と油揚げの煮びたしは、
たっぷり食べられるやさしい味つけ。
野菜はキャベツや青梗菜、水菜でも

直入れだれ

材料・2人分

（たれの材料）

みりん … 大さじ1 

しょうゆ … 大さじ½ 

塩 … 少々 

だし汁 … 1と½カップ 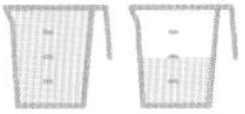

小松菜 … ½束(150〜200g)
油揚げ … 1枚

作り方

1 小松菜は根元の部分を特によく洗い、土を落として3cm長さに切る。油揚げはペーパータオルでしっかり押さえて油を吸わせ、縦半分に切ってからさらに1cm幅に切る。

2 鍋にたれの材料を順に入れ、煮立たせる。**1**を入れて中火で3分ほど煮る。

お湯をかけて油抜きしなくてもOK

浅漬けのたれ

浅漬けは市販品のように、
液状のたれにすると、
まんべんなく早く味がしみます

混ぜだれ

材料・作りやすい分量

（たれの材料）

- 水 … $\frac{2}{3}$カップ 
- 塩 … 小さじ１強(6g) 
- だし昆布（５cm角）… １枚
- 赤唐辛子（小口切り）… １本

きゅうり（７～８mm厚さの輪切り）… ２本
白菜（小さめのざく切り）… 大２枚

作り方

1 ボウルに浅漬けのたれの材料を入れ、塩のざらつきがなくなるまで混ぜる。

2 ポリ袋に野菜を入れ、1を入れて軽くもみ、袋の中の空気を抜いて口を縛ったら、ボウルなどに入れて冷蔵庫で30分～１時間おく。

混ぜなくても袋に入れてもむうちに溶けますが、最初に混ぜておけば万全

空気を抜いて密閉することで、早く味がしみる。

ハンバーグソース

ハンバーグには、
煮詰めずに混ぜてかけるだけの、
ごくシンプルなソースを。
カレー粉がかくし味！

混ぜだれ

材料・2人分

（ソースの材料）

中濃ソース … 大さじ3

トマトケチャップ … 大さじ2

カレー粉 … 小さじ¼

合いびき肉 … 200g
玉ねぎ（みじん切り）… ¼個
A パン粉 … 大さじ2
牛乳 … 大さじ1と½
溶き卵 … ½個
塩、こしょう … 各少々
サラダ油 … 大さじ1
ミックスリーフ … 適量

作り方

1 ボウルに**A**のパン粉を入れ、牛乳をふって柔らかくしておく。ひき肉を加え、**A**の残りの材料を入れて粘りが出るまで混ぜる。玉ねぎを加えてよく練り、2等分して小判形に整える。

2 フライパンにサラダ油を引き、**1**を並べて中火にかける。2分焼き、上下を返してさらに2分焼く。色づいたら弱火にしてふたをして、さらに7〜8分焼く。竹串を刺してみて、透明な汁が出てきたら焼き上がり。器に盛り、ソースの材料を混ぜてかけ、ミックスリーフを添える。

玉ねぎを加えるのは時間差で。ほかの材料とひき肉をよく混ぜてから加えるほうが、焼き縮みがなく、ふっくら

シャリアピンステーキソース

玉ねぎの甘みと、しょうゆが香ばしいソースをかけたステーキです。味がなじむよう、ソースは少し煮詰めて

直入れだれ

材料・2人分

（ソースの材料）

- みりん … 大さじ3 
- しょうゆ … 大さじ1と½ 
- 塩 … 少々 

- 粗びき黒こしょう … 少々 

- 玉ねぎ（みじん切り）… ½個
- にんにく（みじん切り）… 1かけ

牛肉（ステーキ用）… 2枚
（塩、こしょう各少々）
サラダ油 … 適量
ベイクドポテト、パセリ … 各適量

作り方

1 牛肉は焼く30分前に室温にもどしておく。フライパンにサラダ油（適量、あれば牛脂）を中火で熱し、塩、こしょうをふった肉を入れる。好みの焼き加減に焼いて取り出し、器に盛る。

2 1と同じフライパンにサラダ油大さじ½、にんにく、玉ねぎを入れて中火で2～3分炒める。ソースの調味料を順に加え、少し煮詰めて取り出し、ステーキにかけ、パセリとベイクドポテトを添える。

熱いうちに切ると肉汁が流れ出てしまうので、肉が少しさめたころに切って。先に焼いて後からソースを作って

ケチャップライスのソース

ケチャップライスは、ケチャップにお酒とバターをたします。
これだけで全体にムラなくなじみます

直入れだれ

材料・2人分

（ソースの材料）

酒 … 大さじ1

トマトケチャップ

… 大さじ4

バター … 大さじ1 (12g)

鶏むね肉（小さめの一口大）… ½枚（100〜150g）
（塩、こしょう各少々）
玉ねぎ（粗みじん切り）… ½個
ピーマン（1cm角に切る）… 小3個
サラダ油 … 大さじ1
温かいご飯 … 茶碗に軽く2杯

作り方

1 鶏肉に塩、こしょうをふる。

2 フライパンにサラダ油を中火で熱し、鶏肉を入れて2〜3分炒める。野菜を加えてややしんなりするまで炒めたら、ソースの酒とトマトケチャップを入れて炒める。全体にソースがなじんだら、ご飯を入れて強めの中火にして炒め合わせる。バターを入れ、さらに炒めて火を止める。

具材にソースをからめて炒めることで、ケチャップに香ばしさも出て味がしっかりまとまります

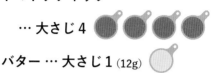

ガーリックバター チキンのソース

パンチがきいた、人気のガリバタチキン。
バターは香りを楽しむなら仕上げにのせ、
コク重視なら、煮詰めて

直入れだれ

材料・2人分

（ソースの材料）

酒 … 大さじ1

みりん … 大さじ1

しょうゆ … 大さじ1

にんにく（すりおろし）… 小さじ1

バター … 大さじ1と½（18g）

鶏もも肉（十字に4等分に切る）
… 大1枚（300〜350g）

（塩、こしょう各適量）

ほうれん草（4〜5cm長さに切る）… ½束

サラダ油 … 大さじ½

作り方

1 鶏肉は塩、こしょうをやや強めにふる。

2 フライパンにサラダ油の半量を入れ、ほうれん草を入れて中火で炒める。軽く塩、こしょうをして器に盛る。残りの油を入れ、1の鶏肉を皮目を下にして入れる。強めの中火で3分ほど焼いて上下を返し、さらに1〜2分焼く。ふたをして弱めの中火で6〜7分蒸し焼きにする。

3 バター以外のソースの材料を順に入れ、手早くからめながら焼く。バターを加えてからめ、器に盛る。

バターの香りを楽しむなら、器に盛ってからのせて

えびチリソース

えびのチリソースは
たれに直接片栗粉を溶き入れる
「直溶き水だれ」に

直溶き
水だれ

材料・2人分

（たれの材料）

トマトケチャップ … 大さじ2と½

酒 … 大さじ1

砂糖 … 大さじ½

豆板醤 … 小さじ⅓

片栗粉 … 小さじ½

水 … ⅓カップ

えび(殻つき) … 中8尾

(酒大さじ½、片栗粉小さじ1)

A にんにく、しょうが(各みじん切り) … 各大1かけ

　長ねぎ(みじん切り) … ⅓本

サラダ油 … 大さじ1

ごま油 … 小さじ1と½

作り方

1 ボウルにたれを混ぜておく。えびは背わたを取り、尾の一節を残して殻をむいて酒、片栗粉をもみ込む。

2 フライパンにサラダ油大さじ½を中火で熱し、えびを炒める。表面の色が変わったら取り出す。

3 同じフライパンにサラダ油大さじ½を中火で熱し、**A**を炒める。香りが立ったらたれをもう一度混ぜて加え、煮立ったらさらに3～4分混ぜながら煮る。えびをもどし入れてひと混ぜし、ごま油をふる。

麻婆豆腐のたれ

麻婆豆腐の味つけは、みそとしょうゆをダブル使い。みそでコクが増し、しょうゆで深みのある味に!

直溶き水だれ

材料・2人分

（たれの材料）

- 酒 … 大さじ2
- みそ … 大さじ1と⅓
- しょうゆ … 大さじ½
- 砂糖 … 小さじ1
- 片栗粉 … 小さじ½
- 豆板醤 … 小さじ½
- 鶏ガラスープの素（顆粒） … 小さじ½
- 湯 … ½カップ

豚ひき肉 … 150g
木綿豆腐（2cm角に切る） … 1丁（300g）
A 長ねぎ（みじん切り） … ½本
　にんにく（みじん切り） … 1かけ
　しょうが（みじん切り） … 1かけ
サラダ油 … 大さじ1

作り方

1 ボウルにたれを混ぜておく。

2 フライパンにサラダ油を中火で熱し、**A**を炒める。香りが立ったらひき肉を加えて炒める。たれをもう一度混ぜて入れ、豆腐を加えて軽く混ぜながら2分ほど煮る。

豆腐は炒めずに温める程度に煮て、ふるふるに

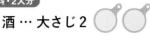

炒め酢豚のたれ

揚げずに作れる！炒め酢豚。
肉は少なめの油で揚げ焼きに。
にんじんはレンジでチンで、時短に

直溶き水だれ

材料・2人分

（たれの材料）

トマトケチャップ
… 大さじ1と½
酢 … 大さじ1と⅓
砂糖 … 大さじ1
しょうゆ … 大さじ1
片栗粉 … 小さじ1
水 … ½カップ

豚肩ロース角切り肉（シチュー用）… 200g
（酒、しょうゆ各大さじ½　片栗粉適量）
玉ねぎ（縦6等分）… ½個
にんじん（一口大の乱切り）… ⅓本（約40g）
しいたけ（4等分）… 2枚
サラダ油 … 大さじ3
ごま油 … 少々

作り方

1 ボウルにたれを混ぜておく。豚肉は酒、しょうゆをもみ込んでから、片栗粉をまぶす。にんじんはふんわりとラップをして電子レンジで2分30秒加熱する。

2 フライパンにサラダ油を中火で熱し、豚肉を3〜4分揚げ焼きにして取り出す。フライパンの油をペーパータオルで拭き取り、玉ねぎ、しいたけを炒め、しんなりしたらたれをもう一度混ぜて加え、肉をもどし入れる。にんじんを入れとろみがつくまで煮て、ごま油をふって混ぜる。

回《ホイ》鍋《コー》肉《ロー》のたれ

回鍋肉はスピード命の炒めものなので、たれを混ぜておくのがおすすめ。水分でみそをよく溶きのばして

混ぜだれ

材料・2人分

（たれの材料）

しょうゆ … 大さじ1

酒 … 大さじ1

砂糖 … 大さじ1

みそ … 大さじ½

豆板醤 … 小さじ⅓〜½

豚バラ薄切り肉（3cm幅）… 150g
キャベツ（ざく切り）… 大4枚
ピーマン（一口大の乱切り）… 2個
サラダ油 … 小さじ1

作り方

1 ボウルにたれを混ぜておく。

2 フライパンにサラダ油を中火で熱し、豚肉を炒める。肉の色が変わったらピーマン、キャベツを順に加えて炒め合わせる。キャベツがややしんなりしたら**1**を回し入れて、強火で大きく混ぜながら炒め、火を止める。

野菜から水分が出ないように、たれを加えてからは手早く

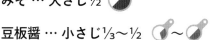

青椒《チンジャオ》肉《ロー》絲《スー》のたれ

オイスターソースが香る青椒肉絲。
たれはフライパンに直接調味料を入れる、
作りやすいシンプルな配合です

直入れだれ

材料・2人分

（たれの材料）

- 砂糖 … 小さじ1
- しょうゆ … 大さじ½
- オイスターソース … 大さじ½
- 酒 … 小さじ½
- ごま油 … 小さじ1

牛もも肉（焼き肉用・細切りにする）… 200g
（酒、しょうゆ各大さじ1　片栗粉小さじ1）
ピーマン、赤ピーマン（細切り）… 各小2個
にんにく（粗みじん切り）… 小1かけ
サラダ油 … 大さじ1

作り方

1 牛肉は酒としょうゆをもみ込み、片栗粉をまぶす。

2 フライパンにサラダ油大さじ½を中火で熱し、牛肉を炒める。色が変わったら取り出す。サラダ油大さじ½をたしてにんにくを炒め、ピーマン、赤ピーマンを加えて炒め合わせる。しんなりしてきたら牛肉をもどし入れ、弱火にしてたれの材料を順に入れる。全体を混ぜて強火にし、大きく混ぜながら炒めて火を止める。

肉と野菜を別々に炒めることで、しゃきしゃきに仕上がる

えびマヨソース

揚げるのが一般的ですが、
マヨネーズと砂糖を使った
炒めもののスタイルのえびマヨをどうぞ

直入れだれ

材料・2人分

（たれの材料）

酒 … 大さじ1

砂糖 … 小さじ1

マヨネーズ … 大さじ3

むきえび(中) … 200g
(酒大さじ½、片栗粉小さじ１)
サラダ油 … 大さじ½
レタス … 適量

作り方

1 えびは背わたがあれば取り除き、酒、片栗粉をしっかりもみ込む。レタスは食べやすい大きさにちぎる。

2 フライパンにサラダ油を中火で熱し、**1**のえびを入れて２～３分炒める。えびが大きい場合は、ふたをして１分ほど蒸し焼きにする。酒、砂糖、マヨネーズを順に加えて混ぜ、調味料が全体になじんだら火を止める。器にレタスを敷き、えびを盛る。

くさみを抑え、うまみが流れ出ないようコーティングします

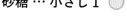

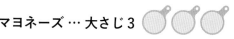

棒《バン》棒《バン》鶏《ジー》のたれ

棒棒鶏は、ねりごまを使った濃厚なたれでどうぞ。ピーナッツバターで作ってもおいしい

混ぜだれ

材料・2人分

（たれの材料）

- 酢 … 大さじ1
- ごま油 … 大さじ1
- しょうゆ … 小さじ1
- 砂糖 … 小さじ1
- ラー油 … 小さじ⅓
- ねりごま（白） … 大さじ2と½

鶏むね肉 … 1枚（約200g）
（酒大さじ1、塩少々）
きゅうり（たたいて割る） … 1本

作り方

1 鶏肉はフォークでところどころを刺し、耐熱皿にのせる。酒と塩をふり、ふんわりとラップをかけて電子レンジで3分加熱する。取り出して上下を返して2分30秒加熱する。そのままさまして、食べやすくそぎ切りにする。ボウルにたれを混ぜておく。

2 器に鶏肉ときゅうりを盛り、1のたれをかける。

熱いうちに切ると、肉汁が流れ出てしまうので、しばらくおいてから切る

冷やし中華のたれ

冷やし中華は、
すっきりとした酸味の自家製たれで。
鶏ガラスープの素でコクを出します

混ぜだれ

材料・作りやすい分量

（たれの材料）

しょうゆ … ⅓カップ

酢 … 大さじ2と½

砂糖 … 大さじ1

ごま油 … 大さじ½

鶏ガラスープの素（顆粒） … 小さじ1

湯 … 1と⅓カップ

中華麺 … 2玉
きゅうり（せん切り） … 1本
ハム（せん切り） … 4枚
かに風味かまぼこ（細くさく） … 5～6本
※たれは3～4人分、冷蔵室で4～5日間保存可能

作り方

1 ボウルに湯と鶏ガラスープの素を入れて混ぜ、さめたらたれの残りの材料を入れて混ぜる。
2 中華麺は袋の表示どおりにゆで、流水でもみ洗いをして水けをきる。器に盛り、具材をのせてたれをかける。

水だと溶け残ってしまうので、湯で溶いて

春巻きの味つけだれ

春巻きの具の味つけだれです。
まずは何もつけずにパクッ！
次に酢じょうゆなどをつけても

混ぜだれ

材料・2人分

（たれの材料）

オイスターソース … 大さじ1

酒 … 大さじ1

しょうゆ … 小さじ2

片栗粉 … 小さじ1と½

砂糖 … 小さじ1

春巻きの皮 … 5枚

A 豚こま切れ肉 … 150g
　もやし … ½袋
　にら（3cm長さ）… ⅓束

サラダ油 … 大さじ3

好みでからしじょうゆや酢 … 適量

※肉は豚ひき肉や牛こま切れ肉でも。
こま切れが大きいときは食べやすく切ってください。

作り方

1 ボウルにたれの材料を混ぜ、**A**を加えてよく混ぜ合わせる。

2 春巻きの皮に**1**の⅕量を全体に平らに塗るように広げる。手前からひと巻きし、両端を折り込んで最後まで巻く。残りも同様にする。

3 フライパンにサラダ油を入れて弱めの中火で熱し、**2**を巻き終わりを下にして入れる。3分ほど揚げ焼きにしたら、上下を返し、さらに3分ほど揚げる。器に盛り、好みでからしじょうゆや酢をつけて食べる。

薄くのばし、均一に広げることで加熱ムラが減ります

しょうゆから揚げのたれ

しょうゆ味の鶏のから揚げは、しっかり味をもみ込んでから、ころもをつけましょう

直入れだれ

材料・2人分

（たれの材料）

- しょうゆ … 大さじ1
- 酒 … 大さじ1
- しょうが汁 … 小さじ1

鶏もも肉 … 1枚(約300g)
(片栗粉、小麦粉各大さじ1)
サラダ油 … 大さじ4

作り方

1 鶏肉は余分な脂を取り除き、食べやすい大きさにそぎ切りにしてボウルに入れる。たれの材料を加え、もみ込んで約10分おく。

2 1の余分な汁を捨て、片栗粉をしっかりもみ込んでから小麦粉をもみ込む。

3 フライパンにサラダ油を入れて中火にかけ、すぐに鶏肉を加える。ときどき返しながら4～5分揚げ焼きにし、表面がカリッとしたら取り出す。

順番にもみ込むことで、ころもが密着します

油が冷たいうちに入れ、ゆっくり加熱すると、身が縮まず生焼けも防げます

塩から揚げのたれ

あっさりした塩味のから揚げのたれ。
まずはシンプルにレシピどおりに作り、
しょうがをたしたり、アレンジも

直入れだれ

材料・2人分

（たれの材料）

酒 … 大さじ１

鶏ガラスープの素（顆粒）

… 小さじ½

塩 … 小さじ⅓

鶏もも肉 … １枚（約300g）
（片栗粉、小麦粉各大さじ１）
サラダ油 … 大さじ４

作り方

1 鶏肉は余分な脂を取り除き、食べやすい大きさにそぎ切りにしてボウルに入れる。たれの材料を加え、もみ込んで約10分おく。

2 1の余分な汁を捨て、片栗粉をしっかりもみ込んでから小麦粉をもみ込む。

3 フライパンにサラダ油を入れて中火にかけ、すぐに鶏肉を加える。ときどき返しながら４～５分揚げ焼きにして、表面がカリッとしたら取り出す。

順番にもみ込むことで、ころもが密着します

油が冷たいうちに入れ、ゆっくり加熱すると、身が縮まず生焼けも防げます

焼き肉の漬け込みだれ

焼き肉の漬け込みだれは、はちみつを入れて。りんごのすりおろしで本格的な味！

混ぜだれ

材料・作りやすい分量・肉200～250g分

（たれの材料）

- 酒 … 大さじ1
- しょうゆ … 大さじ1
- はちみつ … 大さじ½
- すりごま（白） … 大さじ½
- りんご（すりおろし） … 大さじ1（⅛個）
- にんにく（すりおろし） … 小さじ½

好みの肉（焼き肉用） … 200～250g

作り方

ボウルにたれの材料を入れ、混ぜ合わせる。肉を加え、もみ込む。30分以上おいて焼く。

自然な甘みがつくだけでなく、酵素の作用で肉が柔らかくなります

焼き肉のつけだれ

しょうゆベースと塩ベース、2つのタイプの焼き肉のつけだれです。さっぱりした味

混ぜだれ

しょうゆつけだれ

材料・作りやすい分量

- しょうゆ … 大さじ2
- オイスターソース … 大さじ1
- 砂糖 … 小さじ2
- 一味唐辛子 … 小さじ⅓〜½

ねぎ塩つけだれ

材料・作りやすい分量

- ごま油 … 大さじ2
- 塩 … 小さじ⅔
- 粗びき黒こしょう … 小さじ⅓
- レモン汁 … 大さじ2
- にんにく（すりおろし） … 小さじ½
- 長ねぎ（みじん切り） … ½本

作り方

ボウルにたれの材料を入れ、混ぜる。

チヂミのつけだれ

韓国風の薄焼きお好み焼き、チヂミのつけだれは酢でキレを出して

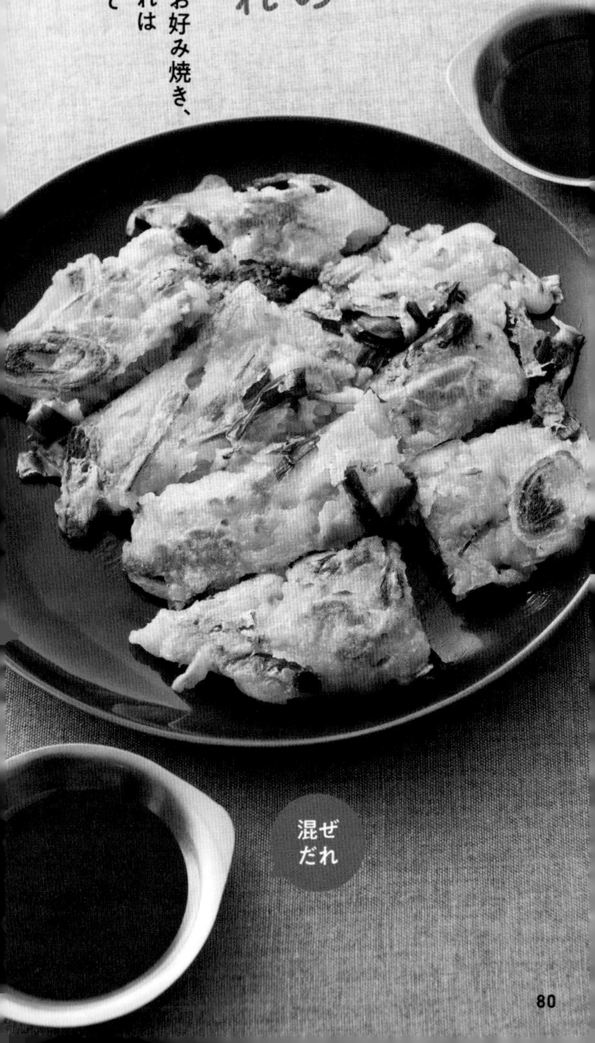

混ぜだれ

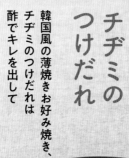

材料・2人分

（たれの材料）

- 酢 … 大さじ1
- 砂糖 … 小さじ1
- コチュジャン … 小さじ½
- 水 … 大さじ1

豚こま切れ肉 … 150g
豚バラ薄切り肉（3cm幅）… 150g
にら（3cm長さ）… ⅓束
長ねぎ（斜め薄切り）… ½本
A 卵 … 1個
　水 … ½カップ
　小麦粉 … ½カップ
　片栗粉 … 大さじ3
　ごま油 … 小さじ1
　塩 … 少々
ごま油 … 大さじ1

作り方

1. ボウルに卵と水を入れてよく混ぜる。**A**の残りの材料を加えてもったりするまで混ぜ合わせたら、具材をすべて入れ、混ぜ合わせる。
2. フライパンにごま油を入れて中火で熱し、**1**の生地を流し入れて薄く広げ、焼く。焼き色がついたら上下を返し、へらで押さえつけながら焼く。食べやすく切って器に盛り、たれを混ぜて添える。

しっかり押さえてこんがりと焼き色をつけて

ナムルのたれ

韓国風の野菜のあえもの、ナムル。
どんな野菜とも合い、覚えておくと便利なたれです。
塩の量は味をみて加減して

混ぜだれ

材料・作りやすい分量・ゆで野菜200g分

（たれの材料）

ごま油 … 大さじ1と½

塩 … 小さじ⅓〜½

すりごま（白） … 大さじ2

にんにく（すりおろし） … 小さじ¼

大豆もやし … ½袋（約100g）
にんじん（せん切り） … ⅓本
※野菜の水分量によって味のつき具合が変わるので、塩の量を加減してください。

作り方

1 もやしはできればひげ根を取り、熱湯で１〜２分ゆでてザルに上げ、水けをきってボウルに入れる。続いてにんじんをさっとゆで、ザルに上げて別のボウルに入れる。

2 器にたれの材料を混ぜ合わせ、½量ずつボウルに入れてそれぞれあえる。

口当たりがよくなり、クセのあるにおいも抑えられます

冷やししゃぶしゃぶのたれ

冷やししゃぶしゃぶは暑い日でも食欲が増す、さっぱり味のたれで。好みに応じて辛味をたしても

混ぜだれ

材料・2人分

（たれの材料）

酢 … 大さじ2

砂糖 … 大さじ½

しょうゆ … 大さじ1と½

みりん（電子レンジでラップをせずに20秒加熱する）

… 大さじ1

すりごま（白） … 大さじ3

豚薄切り肉（しゃぶしゃぶ用） … 150g

（酒大さじ½）

きゅうり（斜め薄切り） … 1本

トマト（くし形切り） … ½個

作り方

1 ボウルにたれの材料を混ぜておく。

2 鍋に湯を適量沸かし、酒を入れる。豚肉を入れてゆで、ザルに上げて水けをしっかりきってさます。器に豚肉を盛って、たれをかけ、野菜を添える。

水けが残っていると、たれと合わせたときに味がぼんやりするので、しっかりと

＼レパートリーが増える／

まだまだあります

定番料理のたれ

プルコギのたれ

材料

すりごま（白）… 小さじ1
にんにく（すりおろし）… 小さじ¼
しょうゆ、オイスターソース、はちみつ … 各大さじ1
酒、ごま油 … 各大さじ½

作り方

牛切り落とし肉200gにもみ込み、サラダ油適量を中火で熱し、炒める。

ちゃんちゃん焼きのたれ

材料

みそ … 大さじ1と½
酒、みりん … 各大さじ1
バター … 20g

作り方

生鮭2切れ、キャベツ2枚に対して。切った具材をホイルにのせてみそ、酒、みりんを混ぜてかけ、バターをのせて包み、魚焼きグリルで12分ほど焼く（両面焼きは8～9分）。

ホイル焼きのたれ

材料

酒または白ワイン … 大さじ2
塩、こしょう … 各少々
バター … 20g

作り方

切り身魚（生）2切れに対して。ホイルに切り身魚ときのこや玉ねぎの薄切り（各適量）をのせ、塩、こしょう、酒をふり、バターをのせて包み、魚焼きグリルで12分ほど焼く（両面焼きは8～9分）。

かに玉などの中華甘酢あん

材料

酢 … 大さじ1
砂糖 … 大さじ½
トマトケチャップ … 大さじ1と½
しょうゆ … 小さじ2
片栗粉 … 小さじ1
水 … ½カップ

作り方

卵3～4個で作るかに玉に対して。すべての材料をよく混ぜてフライパンに入れ、中火にかけて混ぜながら火を通し、とろみがついたら火を止める。

梅肉あえ

材料

梅干し(大) … 1個
酒(電子レンジで20秒加熱する) … 小さじ2
しょうゆ … 小さじ1

作り方

梅干しは果肉をたたいてペースト状にして、酒、しょうゆを加えて混ぜる。全量でゆでた野菜150g分。

酢みそ

材料

酢 … 大さじ1と½
白みそ … 大さじ1
砂糖 … 小さじ2～2と½
ねり辛子 … 小さじ⅓

作り方

すべての材料をよく混ぜ合わせる。全量で具材100g分。

ごまみそあえ

材料

すりごま(白) … 大さじ1
みそ … 大さじ1
みりん(電子レンジで20秒加熱する) … 大さじ1
砂糖 … 小さじ1
しょうゆ … 少々

作り方

すべての材料を混ぜ合わせる。全量でゆでた野菜150g分。

炊き込みご飯の味つけ

材料・3合分

酒 … 大さじ3
しょうゆ … 大さじ1と½
みりん … 小さじ1

作り方

米は洗って炊飯器の内釜に入れ、水(できればだし汁)を通常の水加減まで注ぐ。すべての調味料を入れ、具材をのせて炊く。酒は米1合に対し、酒大さじ1の割合。

刺し身の漬け丼のたれ

材料

しょうゆ … 大さじ2
みりん(電子レンジで20秒加熱する) … 大さじ1
ごま油 … 小さじ½

作り方

すべての材料を混ぜ、刺し身を加えて15〜30分漬けてご飯にのせる。全量で刺し身150g分。

簡単ピザソース

材料

トマトケチャップ … 大さじ2
オレガノ(乾燥)またはパセリ … 少々
こしょう … 少々
あれば玉ねぎのみじん切り … 大さじ1

作り方

すべての材料を混ぜる。全量でトースト2枚分。

ピクルス液

材料

白ワインビネガー(または穀物酢)、水 … 各2カップ
砂糖 … 大さじ4
塩 … 小さじ1と⅓

作り方

すべての材料を混ぜ、好みの野菜(パプリカ、セロリなど)を食べやすく切って漬ける。冷蔵室で4〜5日味をなじませる。全量で野菜400g程度が目安。

Part 2

覚えておきたい
基本のたれ、つゆ、ソース

ここでは「自分で作りたいけれど、味つけがわからない」といった声が多い、ベーシックなたれを紹介します。

和風万能つゆ

**かつお風味のつゆ。
ほどよい甘みで、
和風の麺料理のほか、
天つゆや煮物の煮汁としても
使えます**

材料・できあがり量約300mℓ

酒 … ½カップ
みりん … ½カップ
しょうゆ … ½カップ
削り節 … ひとつかみ(約10g)

作り方

1 鍋に酒、みりん、しょうゆを入れて中火にかける。煮立ったら削り節を加え、もう一度煮立ったら弱火にして1～2分煮る。
2 **1**をザルでこし、ザルに残った削り節からも汁をしっかり絞る。
★冷蔵室で5日間保存可能。

● 使い方

そば、うどんなどのつけつゆに。好みの加減に水で薄めて使う。肉じゃがの煮汁にしても。

肉じゃが(2人分)の作り方

サラダ油大さじ½で牛切り落とし肉100gをさっと炒め、じゃがいも2個(4つに切る)、にんじん⅓本(乱切り)、玉ねぎ(くし形切り)¼個を加えて炒め合わせ、水⅔カップと万能つゆ大さじ3を加える。中火で10分ほど煮て、ゆでたきぬさやを散らす。

そばつゆ

つけて
かけて

和風万能つゆより
かつお風味が濃厚で、
甘みも強いつゆ。
そばの味に負けず、
風味を引き立たせます

材料・できあがり量約500㎖

水 … 2と½カップ
しょうゆ … ⅔カップ
みりん … ½カップ
砂糖 … 大さじ1と½
削り節 … 20g

作り方

1 鍋に水、しょうゆ、みりん、砂糖を入れて中火にかける。煮立ったらアクをていねいに除き、削り節を加える。
2 再び煮立ったら弱火にし1～2分煮て火を止める。削り節が沈んで粗熱が取れたらザルにペーパータオルを敷いてこす。

★冷蔵室で5日間保存可能。

沈んでいく間にもうまみがしみ出てくるので、急がずに

● 使い方

そばのつけつゆに。かけつゆにするときは、同量の水で薄めて。

そうめんつゆ

そのまま使う

そうめんは昆布風味の
薄口つゆでどうぞ。
繊細なめんの味わいが
際立ちます

材料・できあがり量約400mℓ

水 … 2カップ
昆布(10×10cm) … 1枚
みりん … 大さじ4
薄口しょうゆ … 大さじ4
削り節 … ひとつかみ(約10g)

作り方

1 鍋に水と昆布を入れて30分から1時間おき、昆布は取り出す。みりん、薄口しょうゆを加えて中火にかける。煮立ったらアクをていねいに除き、削り節を加える。
2 再び煮立ったら弱火にし、1〜2分煮て火を止める。削り節が沈んで粗熱が取れたらザルにペーパータオルを敷いてこす。
★冷蔵室で5日間保存可能。

昆布は煮るとぬめりやえぐみが出るので、煮なくてOK

● 使い方
そうめんのつけつゆに。かけつゆにするときも、水で薄めずにこのまま使う。野菜のおひたしのひたし地にしても。

割り下

煮汁に

**関東風のすき焼きの煮汁。
きりっとしたおいしさです。
作っておけば、親子丼などの
どんぶりものも楽チン**

材料・できあがり量約250mℓ

だし汁 … ½カップ
みりん … ¼カップ
酒 … ¼カップ
しょうゆ … ¼カップ
砂糖 … 大さじ1

作り方

鍋にすべての材料を入れて中火にかける。煮立ったら弱火にして1～2分煮て火を止める。アクが出てきたら除く。
★冷蔵室で5日間保存可能。

アクを除くことで、すっきりとした雑味のない味になります

● 使い方

すき焼きに。この量で肉250g前後（2人分）のすき焼きができます。

ぽん酢

そのまま使う

**かぼすやすだち、ゆずで
ぜひ作りたい、自家製の
ぽん酢しょうゆ。ごま油で風味よく**

材料・できあがり量約1カップ

- かんきつ類の搾り汁 … 大さじ1
- 水 … ¼カップ
- みりん … ¼カップ
- しょうゆ … ½カップ
- 削り節 … ひとつかみ(約10g)
- 酢 … 大さじ3
- 塩 … 少々
- ごま油 … 少々

作り方

1 鍋に水、みりん、しょうゆを入れて中火にかける。煮立ったらアクをていねいに除き、削り節を加える。
2 再び煮立ったら弱火にし、1～2分煮て火を止める。削り節が沈んで粗熱が取れたらザルにペーパータオルを敷いてこす。残りの材料をすべて入れて混ぜ合わせる。
★冷蔵室で5日間保存可能。

● 使い方

鶏の水炊きに。食卓でもみじおろしや、刻んだ万能ねぎを加えても。

すし酢

そのまま使う

**酸味と甘みがまろやかな
すし飯用の合わせ酢。作っておくと、
手軽におすしが作れます**

材料・ご飯2～3合分

- 酢 … 大さじ4
- 砂糖 … 大さじ2
- 塩 … 小さじ⅔

作り方

酢に砂糖と塩を加え、ざらつきがなくなるまでよく混ぜる。
★冷蔵室で1週間保存可能。

● 使い方

温かいご飯に混ぜてすし飯に。

三杯酢

そのまま使う

ほんのり甘みのある合わせ酢。
きゅうりの酢のものは
こちらでどうぞ。
だしを加えてまろやかに

材料・作りやすい分量

だし汁 … 大さじ3
酢 … 大さじ3
砂糖 … 大さじ1弱
しょうゆ … 小さじ⅔
塩 … 少々

作り方

鍋にだし汁を入れて中火にかける。砂糖を入れて混ぜ、溶けたら残りの材料を加えて混ぜ合わせる。10秒ほどしたら火を止めて粗熱を取る。
★冷蔵室で5日間保存可能。

● 使い方

きゅうりとわかめの酢のものに。

二杯酢

そのまま使う

魚介類と相性がいい合わせ酢です。
甘みを加えず、すっきりとした味に

材料・作りやすい分量

だし汁 … 大さじ1
酢 … 大さじ1
しょうゆ … 大さじ½

作り方

ボウルにすべての材料を入れて混ぜ合わせる。
★冷蔵室で5日間保存可能。

● 使い方

甘みがないので、貝類やえび、いかといった魚介の淡白な味わいを引き立てます。本来は酢としょうゆを合わせたものですが、酸味が強く、使いにくいのでここで紹介したようにだし汁で割るタイプのほうが広く用いられるようになりました。

おでんつゆ

煮汁に

おでんつゆを自家製で。煮干しだしを合わせると、お店のような深いコクが生まれます

材料・2人分

- 水 … 4カップ
- 煮干し … 6～7本
- 昆布（10cm角）… 1枚
- 酒 … 大さじ1
- しょうゆ … 大さじ⅔
- 薄口しょうゆ … 大さじ½
- みりん … 小さじ1
- 塩 … 小さじ1

作り方

鍋に水、煮干し、昆布を入れて30分ほどおく。中火にかけて煮立つ直前で昆布と煮干しを取り出し、調味料を入れて混ぜ、ひと煮立ちしたら火を止める。
★冷蔵室で5日間保存可能。

煮干しのうまみがしみ出てくるまでしばらくおく

● **使い方**

具材をいろいろ揃えなくても、大根とちくわ、卵とこんにゃくなど、シンプルな煮もの風にしても、つゆが自家製だと上品な一品に。

田楽みそだれ

つけて
かけて

作っておけば、
豆腐やこんにゃくの田楽が
すぐできます。
ゆでた野菜につけても

材料・作りやすい分量

みそ … 80g
砂糖 … 大さじ5
みりん … 大さじ3

作り方

すべての材料を小鍋に入れて混ぜ、弱火でこがさないように木べらでゆっくりと練り混ぜながら7～8分加熱する。とろりとしたら火を止める。
★冷蔵室で2週間保存可能。しっかりさましてから冷蔵室へ。

練り混ぜることでつやが出て、なめらかに。保存性も高まる

● 使い方

ゆでこんにゃくにつけて。豆腐につけて、グリルで軽くあぶっても。ふろふき大根や、ゆでた里いもにのせて。

ジェノベーゼソース

イタリア、ジェノバで生まれた生バジルを使ったソース。パスタのほか、魚のソテーや魚介にも

材料・作りやすい分量

- バジルの葉 … 50g
- にんにく … 小1かけ
- 松の実 … 30g
- オリーブ油 … ⅔カップ
- 粉チーズ … 大さじ2
- 塩 … 小さじ1〜1と⅓

作り方

1 バジルは葉を摘む。にんにくは芯を除いてざっと刻む。松の実はフライパンでからいりする。

2 フードプロセッサーにバジルの葉、にんにく、オリーブ油を入れバジルの葉が細かくなるまで攪拌する。粉チーズと松の実、塩を加えて松の実の粒が粗く残るくらいまで攪拌して止める。

★冷蔵室で1週間保存可能。空気に触れると茶色く変色するので、ジッパーつき保存袋に入れて、空気を抜いて保存する。

● 使い方

ゆでたパスタをあえた「スパゲティジェノベーゼ」が、日本でもおなじみに。素材のクセをやわらげるので、魚介料理によく使われます。ゆでだことトマトを食べやすく切って盛り合わせ、ソースをかければ、気のきいた一品に。

トマトソース

そのまま使う

トマトの水煮と玉ねぎだけの、
シンプルなトマトソース。
煮込み時間によって
味が変わります

材料・作りやすい分量

トマト缶(水煮)
　… 1缶(約400g)
玉ねぎ … 小½個
にんにく … 小1かけ
オリーブ油 … 大さじ1
砂糖 … 小さじ⅓
塩、こしょう … 各適量

作り方

1 玉ねぎとにんにくはみじん切りにする。
2 鍋にオリーブ油を中火で熱し、にんにくと玉ねぎを入れて炒め、玉ねぎが透き通ってきたらトマトをつぶしながら加える。煮立ったら弱火にして15〜20分煮て、砂糖、塩、こしょうで味を調える。
★冷蔵室で5日間保存可能。

砂糖が酸味を抑えて味をまとめ、味に奥行きを出す効果が

● 使い方

パスタソースに。½量でパスタ200gが目安です。ゆでたパスタにかけたり、からめて。カツレツや肉や魚のソテーにかけると、ワンランクアップした一皿に。

ミートソース

そのまま使う

シンプルで幅広い年代が食べやすい味です。好みでにんじんやセロリを加えて

材料・作りやすい分量

合いびき肉 … 350g
玉ねぎ … ½個
マッシュルーム … 4個
にんにく … 1かけ
オリーブ油 … 大さじ1
A トマト缶(水煮・カットタイプ) … 1缶(約400g)
　水 … ½カップ
　赤ワインまたは酒 … 大さじ1
　洋風スープの素(顆粒) … 小さじ1
塩 … 小さじ⅔
こしょう、砂糖 … 各少々

作り方

1 玉ねぎとマッシュルーム、にんにくはそれぞれみじん切りにする。
2 フライパンにオリーブ油と玉ねぎ、にんにくを入れ、中火で炒める。2分ほど炒めたらマッシュルームを加えて炒め合わせる。
3 **2**にひき肉を加えてポロポロになるまで炒めたら、**A**を加えて混ぜる。途中でアクを取り、弱めの中火で7～8分煮て、塩、こしょう、砂糖を加えて混ぜる。
★冷蔵室で3～4日保存可能。

● **使い方**
グラタン、パスタなどに。ゆでたり焼いたりした野菜やオムレツにかけても。

そのまま使う

簡単ホワイトソース

だまができると敬遠されがちなホワイトソース。
玉ねぎと小麦粉を一緒に炒めると、簡単でおいしく

材料・作りやすい分量

玉ねぎ … ½個
牛乳 … 2カップ
バター、小麦粉 … 各大さじ2
塩、こしょう … 各少々

作り方

1 玉ねぎは繊維に沿って薄切りにする。
2 フライパンにバターをこがさないよう弱火で熱し、玉ねぎを入れて炒める。しんなりしたら小麦粉をふり入れ、粉っぽさがなくなるまで炒める。牛乳を加えて混ぜながら3分煮たら塩、こしょうで味を調える。
★冷蔵室で3～4日保存可能。

一気に加えてしまってOK。多少だまになっても、混ぜながら煮ているうちになめらかに

● **使い方**
グラタン、パスタなどに。バターソテーにした野菜にかけても。

オーロラソース

つけて
かけて

**マヨネーズとトマトケチャップを合わせたソース。
おなじみの調味料同士ですが、
ちょっとした変化が
欲しいときに**

材料・作りやすい分量

**トマトケチャップ … 大さじ1と½
マヨネーズ … 大さじ2**

作り方

ボウルにすべての材料を入れて混ぜ合わせる。
★冷蔵室で4～5日保存可能。

● **使い方**

ゆで卵やボイルしたえび、アボカドにかけるのがポピュラーです。

column

オーロラソースって何？

フランス料理のソースのひとつで、ベシャメル(ホワイト)ソースにトマトピュレを合わせ、バターで風味をつけたものです。ピンクの色合いからオーロラ(あかつき)のソースといわれます。現在ではマヨネーズとトマトケチャップを合わせたものをオーロラソースと呼ぶことが多く、甘酸っぱさとさわやかさ、コクと甘みが人気。

つけて
かけて

ハニー
マスタードだれ

**粒マスタードとはちみつを
合わせて。
材料は2つだけですが、
甘みとほのかな酸味で
複雑なおいしさに**

材料・作りやすい分量

**粒マスタード … 大さじ3
はちみつ … 大さじ1と½**

作り方

すべての材料をボウルに入れて混ぜ合わせる。
★冷蔵室で5日間保存可能。

● 使い方

粒マスタードは辛味はほとんどないので、子どもにも喜ばれます。シンプルに焼いたロースト肉やソテーと合わせて。

チキンソテーの作り方

鶏もも肉1枚(250〜300g)はところどころフォークで刺し、塩小さじ½をよくすり込む。こしょう少々をふり、片面焼きグリルの強火で皮を下にして置き、7〜8分焼く。裏返して4〜5分焼き、ソースをかける。

アイオリソース

つけて かけて

**にんにく風味の
マヨネーズソース。
濃厚なおいしさが魅力です**

材料・作りやすい分量

**マヨネーズ … 大さじ4
オリーブ油 … 大さじ1と½
にんにく(すりおろし)
… 小さじ½**

作り方

ボウルにすべての材料を入れて混ぜ合わせる。
★冷蔵室で4～5日保存可能。

● **使い方**

かき、サーモン、白身魚など、魚のフライと相性がいいソースです。かきフライ4個分くらいで使いきれるソースの量です。

column

アイオリソースって何?

フランス、プロバンス地方発祥のソースで、卵黄とオリーブ油を乳化させ、にんにくとレモンで風味づけしたもの。魚介のブイヤベースに添えるソースです。ゆでた塩だらや、ゆで卵につける郷土料理も。卵黄のソースは手軽にマヨネーズで代用しますが、元のレシピの風味を生かし、オリーブ油も加えましょう。

つけて
かけて

バーベキューソース

肉のバーベキューといえばこれ! 牛肉はもちろん、スペアリブや鶏肉にも

材料・作りやすい分量

- トマトケチャップ … 大さじ4
- はちみつ … 大さじ3
- 中濃ソース … 大さじ2
- カレー粉 … 少々

作り方

すべての材料をボウルに入れて混ぜ合わせる。
★冷蔵室で5日間保存可能。

● **使い方**

肉料理のテッパンソースですが、オムレツとも相性がよく、ドミグラスソースより手軽、ケチャップより本格的な味に。

column

バーベキューソースって何?

アメリカでは肉料理にかかせない、とても人気のあるソースです。ソースとケチャップ、スパイスをきかせたもの。しょうゆで風味づけしたものなど、市販品が多く出回っています。バーベキューはもとより、ローストした肉や煮込み料理などにも使われます。

バーニャカウダソース

にんにく風味のソースをつけて食べる、
野菜のバーニャカウダ。
生クリームが分離しないように弱めの中火で煮て

材料・2人分

- オリーブ油 … 大さじ4
- 生クリーム … 1カップ
- 塩 … 少々
- こしょう … 少々
- アンチョビー … 2切れ
- にんにく（粗みじん切り） … 小1かけ

かぶ（4つ割りにする）… 大3個　ブロッコリー … 3房
にんじん（一辺が1cmの棒状に切る）… 中1本
オリーブ油 … 大さじ2

作り方

1 フライパンに水⅓カップ（分量外）と野菜を入れ、オリーブ油大さじ2を回しかける。ふたをして弱めの中火で3～4分蒸し煮にし、汁けをきって器に盛る。
2 フライパンを洗い、ソース用のオリーブ油とにんにく、アンチョビーを入れ、中火にかける。にんにくをこがさないようにカリッとするまで炒め、生クリームを加えて弱めの中火にし、5分ほど煮詰める。とろみがついたら塩、こしょうをふって火を止める。器に盛り、**1**の野菜に添える。

魚介のマリネ液

**魚介のマリネは、ワインビネガーのきりっとした酸味で。
なければ穀物酢で作ってもOK**

材料・4人分

ワインビネガー（または酢）… 大さじ5
オリーブ油 … 大さじ5
砂糖 … 大さじ1
塩 … 小さじ⅔

ゆでだこ（そぎ切り）… 200g
帆立（生食用）… 8個
玉ねぎ（薄切り）… ½個
（塩少々）
パセリ（みじん切り）… 適量

玉ねぎの辛みを取るため。しんなりして魚介とのなじみもよくなります

作り方

1 玉ねぎは塩をふって混ぜ、2〜3分おいたら水にさらし、さらに2〜3分したら水けをしっかり絞る。バットにマリネ液を入れて混ぜ、玉ねぎを加えて混ぜる。
2 帆立をさっと洗ってペーパータオルにのせて水けを拭く。たこの水けも同様に除き、**1**に入れて混ぜる。器に盛り、パセリをふる。

さっぱり

ラビゴットソース

トマト、きゅうり、玉ねぎのうまみが渾然一体となったさわやかなソース。魚料理によく合います

材料・2人分

- トマト … 中½個
- きゅうり … 小½本
- 玉ねぎ … ⅛個
- A サラダ油 … 大さじ2
  - 酢 … 大さじ1と½
  - 塩 … 小さじ½
  - 砂糖 … 小さじ¼
  - こしょう … 少々

作り方

1 トマトは種を除き、5mm角に切る。きゅうりは5mm角に切り、塩少々（分量外）をふって5分ほどおき、ペーパータオルに包んで水けを取る。玉ねぎはみじん切りにする。

2 ボウルに**A**の調味料を入れて混ぜ、**1**の野菜を加えて混ぜ合わせる。

★冷蔵室で3～4日保存可能。

水けが多いと日持ちが悪くなるので、しっかりと取って

白身魚のカルパッチョラビゴットソースがけ

● 使い方

みずみずしい食感と香りをいかし、刺身にかけて、カルパッチョに。白身魚とよく合います。

さっぱり

サルサソース

**タコスやタコライスでおなじみのソース。
好みで辛味をたしても**

材料・2人分

トマト … 中½個
玉ねぎ … ¼個
A オリーブ油 … 大さじ2
酢 … 大さじ½
塩 … 小さじ⅓強
こしょう … 少々
砂糖 … 少々

作り方

1 トマトは種を除いて7～8mm角に切る。玉ねぎはみじん切りにして塩少々（分量外）をふって5分ほどおき、よくもんでから水にさらす。ザルに上げて水けをきり、ペーパータオルに包んで水けをしっかり絞る。
2 ボウルに**A**の調味料を入れて混ぜ、**1**の野菜を加えて混ぜ合わせる。
★冷蔵室で3～4日保存可能。

辛味を抜いて食べやすくしますが、ピリッとした味が好みならそのまま使っても

サルサソースのせカナッペ

● **使い方**

タコスやタコライスに添えるのはもちろん、
薄切りのパンにのせてカナッペに。

風味豊か

サルサベルデ

**肉料理にも魚料理にも、パスタにも合い、
意外と汎用性の高いソースです**

材料・作りやすい分量

パセリ … 小２本(約15g)
にんにく … 小１かけ
アンチョビーフィレ … ２切れ
オリーブ油 … 大さじ３

作り方

1 パセリはみじん切りにする。にんにくはすりおろす。アンチョビーは粗く刻む。
2 フライパンにオリーブ油とにんにく、アンチョビーを入れて弱火で熱し、香りが立ったらパセリを加える。火を止めて混ぜ合わせる。
★冷蔵室で２日間保存可能。

火が強いと、香りが立つ前ににんにくがこげてしまうので注意

**サルサベルデのせ
パスタ**

● 使い方
ゆでたパスタとあえて。
たこと一緒に炒めて。

韓国万能ソース

そのまま使う

「韓国風の味が作りたい」というときに。
野菜をあえたり、
つけだれや、麺にかけて

材料・できあがり量約250mℓ

長ねぎ(みじん切り)… 1本
にんにく(みじん切り)
　… 大1かけ
すりごま(白)… 大さじ3
しょうゆ … 大さじ3
酢 … 大さじ3
コチュジャン … 大さじ1
砂糖 … 小さじ1
ごま油 … 大さじ3

作り方

すべての材料をボウルに入れて混ぜ合わせる。
★冷蔵室で1週間保存可能。

● 使い方

チャプチェ(韓国風春雨炒め)や、焼き肉のたれに。

チャプチェ(2人分)の作り方

春雨60gは熱湯でもどし、水けをしっかりきって食べやすく切る。牛切り落とし肉200gは小さめに切る。ピーマン2個は細切りに、きゅうり1本はせん切りにする。サラダ油大さじ1強できゅうり以外の材料を炒め、きゅうりとともにボウルに入れてソース大さじ4であえる。

アジアンソース

そのまま使う

ナンプラーとレモンが香る、
エスニック風味のソース。
辛味をたしても

材料・作りやすい分量

レモン汁 … 1個分
ナンプラー … 大さじ3
しょうゆ、砂糖
… 各大さじ1

作り方

すべての材料をボウルに入れて混ぜ合わせる。
★冷蔵室で1週間保存可能。

● 使い方

エスニック風味のあえものに。

ヤムウンセン(2人分)の作り方

えび6尾は殻をむく。春雨40〜50gは熱湯に5分浸けてもどし、水にとって水けをきり、食べやすく切る。ハム4枚は細切り、きゅうり1本はせん切りにする。にんにく大2かけは大きめのみじん切りに。サラダ油大さじ1でにんにくとえびを炒めてソース全量に混ぜ、すべての具材と混ぜ合わせる。

スイート チリソース

つけて かけて

**市販品だと
使い残してしまいがちな
スイートチリソースを
自家製で**

材料・作りやすい分量

- トマトケチャップ … 大さじ3
- 砂糖 … 大さじ 2と½
- しょうゆ … 小さじ½
- 豆板醤 … 小さじ⅓〜½
- レモン汁 … 大さじ2
- しょうが汁 … 小さじ½

作り方

すべての材料をボウルに入れて混ぜ合わせる。
★冷蔵室で1週間保存可能。

● 使い方

生春巻きに添えて。揚げものにもよく合うので、から揚げや春巻きにも。ボイルドソーセージにつけて。

つけて
かけて

香味だれ

香味野菜いっぱいの
甘酢しょうゆだれ。
中華風の料理に活躍

材料・作りやすい分量

長ねぎ
（白い部分・みじん切り）
… ½本
にんにく（みじん切り）… 1かけ
しょうが（みじん切り）… 1かけ
酢 … ¼カップ
しょうゆ … 大さじ2と⅓
砂糖 … 大さじ2
ごま油 … 大さじ1

作り方

すべての材料をボウルに入れて混ぜ合わせる。
★冷蔵室で1週間保存可能。

● 使い方

ごま油やにんにくがきいているので、ひとかけで中華風の味になります。から揚げにかければ油淋鶏風、豆腐にかければ、中華風冷ややっこに。もっと手軽に、市販のサラダチキンにかけても。

炒め
だれ

塩とろみだれ

**塩味の炒めものには、
このたれを。
シンプルな青菜炒めも
味が決まります**

材料・作りやすい分量・約2人分

- 水 … ½カップ
- 鶏ガラスープの素(顆粒)
  … 小さじ1
- 片栗粉 … 小さじ1
- 塩 … 小さじ⅓
- こしょう … 少々

作り方

ボウルにすべての材料を入れて混ぜ合わせる。
★冷蔵室で2〜3日保存可能。

片栗粉が沈殿するので、使うときにはもう一度
混ぜ合わせて。できれば使う直前に作って

● 使い方

野菜炒めに。シンプルな青菜炒めや、塩焼きそばにも。

青菜の塩炒め(2人分)の作り方

青梗菜大3株は葉をざく切りにし、茎は6〜8等分に切る。フライパンにサラダ油大さじ½を中火で熱し、茎を先に炒め、やや火が通ったら葉を加え、しんなりしたらたれの½量をよく混ぜながら入れて炒め、とろみがついたら火を止める。

Part 3

毎日使える！
ドレッシングとディップ

さまざまなテイストのドレッシングをご紹介します。
ノンオイルタイプも収録。ディップはクラッカーや野菜とどうぞ

サラダパーティをしよう

ドレッシングを何種類か作れば、あとは野菜を並べるだけ。
オリジナルのドレッシングがあれば、
華やかなサラダパーティもすぐできちゃいます。

フレンチドレッシング

▶▶ トマトと
ベビーリーフで。

ハーブドレッシング

▶▶ トマトと
ミックスビーンズで。

レモン
ドレッシング

▶▶ トマトで。

フレンチドレッシング

まず覚えたい基本のドレッシング

定番の味

材料・作りやすい分量

- 酢 … 大さじ2
- 砂糖 … 小さじ⅓
- 塩 … 小さじ½
- こしょう … 少々
- サラダ油 … 大さじ4

作り方

ボウルに油以外の材料を入れてよく混ぜ合わせ、砂糖が溶けたら油を少しずつ加え、そのつどよく混ぜながら白っぽくなるまで混ぜ合わせる。

ハーブドレッシング

バジルの香りが立ってくる

アクセント

材料・作りやすい分量

- 酢 … 大さじ2
- 砂糖 … 少々
- 塩 … 少々
- 粗びき黒こしょう … 少々
- 乾燥バジル … 小さじ1
- オリーブ油 … 大さじ1

作り方

ボウルに油以外の材料を入れてよく混ぜ合わせ、砂糖が溶けたら油を少しずつ加え、そのつどよく混ぜながら白っぽくなるまで混ぜ合わせる。

レモンドレッシング

オールマイティに使えるさっぱり系

さわやか

材料・作りやすい分量

- レモン汁 … ½ 個分
- 砂糖 … 小さじ½
- 塩 … 小さじ⅓
- 粗びき黒こしょう … 少々
- オリーブ油 … 大さじ1と½

作り方

ボウルに油以外の材料を入れてよく混ぜ合わせ、砂糖が溶けたら油を少しずつ加え、そのつどよく混ぜながら白っぽくなるまで混ぜ合わせる。

ハニードレッシング

▶▶ レタスとレモンで。

チーズドレッシング

▶▶ レタスと
クルトンで。

キャロットドレッシング

▶▶ レタスで。

ハニードレッシング

コクうま

やさしい甘みが子どもにも好評

材料・作りやすい分量

はちみつ … 大さじ1
レモン汁 … 大さじ2
塩 … 少々
オリーブ油 … 大さじ1と½

作り方

ボウルに油以外の材料を入れてよく混ぜ合わせる。油を少しずつ加え、そのつどよく混ぜながら白っぽくなるまで混ぜ合わせる。

チーズドレッシング

コクうま

野菜がもりもり食べられる!

材料・作りやすい分量

酢 … 大さじ2
砂糖 … 小さじ⅓
塩 … 小さじ¼
こしょう … 少々
粉チーズ … 大さじ1
サラダ油 … 大さじ2

作り方

ボウルに油以外の材料を入れてよく混ぜ合わせ、砂糖が溶けたら油を少しずつ加え、そのつどよく混ぜながら白っぽくなるまで混ぜ合わせる。

キャロットドレッシング

アクセント

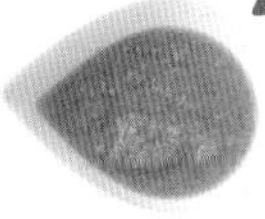

色も美しくて食卓が映える

材料・作りやすい分量

にんじん(すりおろし)
　… 大さじ2
砂糖 … 小さじ⅓
酢 … 大さじ2と½
塩 … 小さじ¼
こしょう … 少々
オリーブ油 … 大さじ3

作り方

ボウルに油以外の材料を入れてよく混ぜ合わせ、砂糖が溶けたら油を少しずつ加え、そのつどよく混ぜる。

りんごドレッシング

さわやか

フルーティで後を引くおいしさ

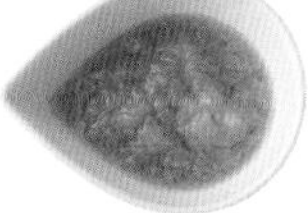

材料・作りやすい分量

りんご
（皮をむき、すりおろす）
… ½個分
砂糖 … 小さじ½〜1
酢 … 大さじ1
塩 … 少々
こしょう … 少々
オリーブ油 … 大さじ1と½

▶▶ ざく切りキャベツで。

作り方

ボウルに油以外の材料を入れてよく混ぜ合わせ、砂糖が溶けたら油を少しずつ加え、そのつどよく混ぜる。

にんにくドレッシング

コクうま

焼き野菜のサラダにもよく合います

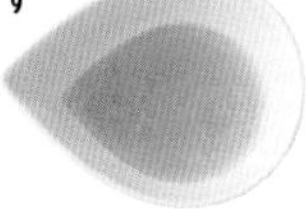

材料・作りやすい分量

にんにく（すりおろす）
… 小さじ½
玉ねぎ（すりおろす）
… 大さじ2
酢 … 大さじ2
砂糖 … 小さじ⅓
塩 … 小さじ¼
こしょう … 少々
オリーブ油 … 大さじ1と½

▶▶ ゆでキャベツとオリーブで。

作り方

ボウルに油以外の材料を入れてよく混ぜ合わせ、砂糖が溶けたら油を少しずつ加え、そのつどよく混ぜながら白っぽくなるまで混ぜ合わせる。

のりドレッシング

アクセント

のりがとろけて野菜になじむ!

材料・作りやすい分量

- 焼きのり（全形）… ½枚
- 酢 … 大さじ2
- 砂糖 … ひとつまみ
- しょうゆ … 大さじ⅔
- アマニ油 … 大さじ1

作り方

のりは細かくちぎる。ボウルにのりと残りの材料を入れ、混ぜ合わせる。

細かくちぎるほうが、材料とからみやすくなります

▶▶ ちぎりキャベツで。

マスタードドレッシング

アクセント

粒マスタードのつぶつぶ感がメリハリに

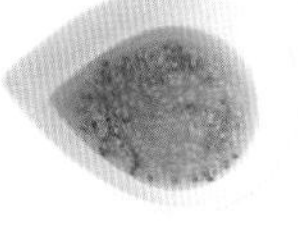

材料・作りやすい分量

- 粒マスタード … 小さじ1
- 酢 … 大さじ1と½
- 砂糖 … 小さじ⅓
- 塩 … 少々
- オリーブ油 … 大さじ1

作り方

ボウルに油以外の材料を入れてよく混ぜ合わせ、砂糖が溶けたら油を少しずつ加え、そのつどよく混ぜながら白っぽくなるまで混ぜ合わせる。

▶▶ せん切りキャベツで。

アンチョビードレッシング

コクうま

アンチョビーが野菜にからんでおいしい

材料・作りやすい分量

アンチョビー（細かく切る）
　… 2切れ分
酢 … 大さじ2
塩 … 小さじ⅓
砂糖 … 少々
こしょう … 少々
オリーブ油 … 大さじ1

作り方

ボウルに油以外の材料を入れてよく混ぜ合わせ、砂糖が溶けたら油を少しずつ加え、そのつどよく混ぜ合わせる。

▶▶ ゆでじゃがいもとハムで。

イタリアンドレッシング

定番の味

バルサミコでリッチな味に

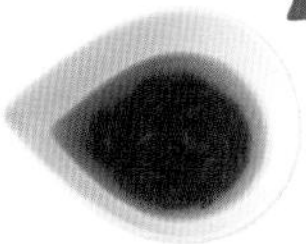

材料・作りやすい分量

オリーブの実
　（黒・粗みじん切り）… 10g
バルサミコ酢 … 大さじ1
塩 … 小さじ½
オリーブ油 … 大さじ2

作り方

ボウルに油以外の材料を入れてよく混ぜ合わせ、油を少しずつ加え、そのつどよく混ぜ合わせる。

▶▶ ゆでじゃがいもとベビーリーフで。

ごましょうゆドレッシング

定番の味

冷ややっこにもよく合います

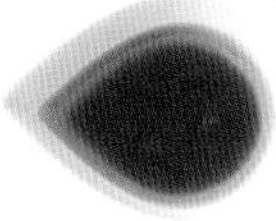

材料・作りやすい分量

- 酢 … 大さじ2
- しょうゆ … 大さじ1
- 砂糖 … 小さじ⅓
- 塩 … 少々
- こしょう … 少々
- サラダ油 … 大さじ3
- ごま油 … 大さじ1

作り方

ボウルに油以外の材料を入れてよく混ぜ合わせ、砂糖が溶けたら油を少しずつ加え、そのつどよく混ぜ合わせる。

▶▶ せん切りきゅうりとわかめで。

しょうがドレッシング

さわやか

しょうがのピリッとした辛味がアクセント

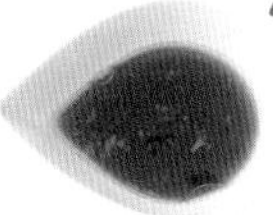

材料・作りやすい分量

- しょうが汁 … 大さじ½
- 酢 … 大さじ2
- しょうゆ … 大さじ½
- 砂糖 … 小さじ⅓
- サラダ油 … 大さじ1

作り方

ボウルに油以外の材料を入れてよく混ぜ合わせ、砂糖が溶けたら油を少しずつ加え、そのつどよく混ぜ合わせる。

▶▶ 乱切りきゅうりとアルファルファで。

ゆずみそドレッシング

▶▶ ゆでもやしとにんじんで。

ピリ辛ドレッシング

▶▶ ゆでもやしときゅうりで。

コクうま

ゆずみそドレッシング

ゆで野菜や海藻サラダに

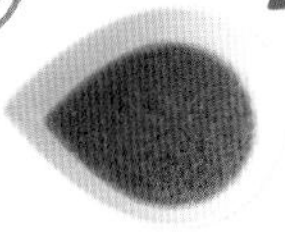

材料・作りやすい分量

ゆずの皮（すりおろす）… 1個分
みそ … 大さじ1
砂糖 … 大さじ½
酢 … 大さじ2
みりん（電子レンジでラップをせずに10秒加熱する）
… 大さじ1
オリーブ油 … 大さじ1と½

作り方

ボウルにみそと砂糖を入れ、少しずつ酢を加えて混ぜ合わせる。砂糖のざらつきがなくなったらみりんと油、ゆずの皮を入れてよく混ぜ合わせる。

アクセント

ピリ辛ドレッシング

辛味はぜひ「かんずり」でつけて

材料・作りやすい分量

酢 … 大さじ2
砂糖 … 小さじ⅓
塩 … 小さじ⅓
かんずり … 小さじ⅓
オリーブ油 … 大さじ2

作り方

ボウルに油以外の材料を入れてよく混ぜ合わせ、砂糖が溶けたら油を少しずつ加え、そのつどよく混ぜながら白っぽくなるまで混ぜ合わせる。

ゆずこしょうドレッシング

アクセント

ゆずこしょうの量はお好みで

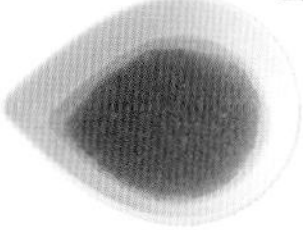

材料・作りやすい分量

ゆずこしょう
…小さじ½〜1
酢…大さじ2
砂糖…少々
しょうゆ…少々
サラダ油…大さじ1と½

作り方

ボウルに油以外の材料を入れてよく混ぜ合わせ、砂糖が溶けたら油を少しずつ加え、そのつどよく混ぜ合わせる。

▶▶ ゆで大根と貝割れ菜で。

梅肉ドレッシング

アクセント

酸味が食欲をそそります

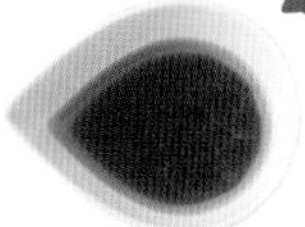

材料・作りやすい分量

梅干し（甘くないもの。種を除いてたたく）…大さじ1
酢…大さじ2
しょうゆ…大さじ½
砂糖…小さじ½
オリーブ油…大さじ2

作り方

ボウルに油以外の材料を入れてよく混ぜ合わせ、砂糖が溶けたら油を少しずつ加え、そのつどよく混ぜながら混ぜ合わせる。

▶▶ せん切り大根で。

和風ドレッシング

定番の味

しょうゆの落ち着いた味

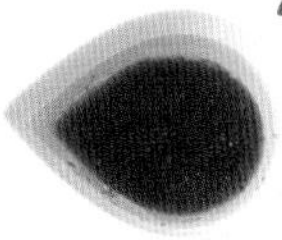

材料・作りやすい分量

酢 … 大さじ2
しょうゆ … 大さじ1
砂糖 … 小さじ⅓
塩 … 少々
こしょう … 少々
サラダ油 … 大さじ4

作り方

ボウルに油以外の材料を入れてよく混ぜ合わせ、砂糖が溶けたら油を少しずつ加え、そのつどよく混ぜ合わせる。

▶▶ 塩もみ大根とちりめんじゃこで。

わさびドレッシング

アクセント

みりんでほんのり甘みをつけて

材料・作りやすい分量

ねりわさび … 小さじ1
マヨネーズ … 大さじ3
みりん（電子レンジでラップをせずに20秒加熱する）
　… 大さじ2
しょうゆ … 少々

アルコール分をとばします

作り方

ボウルにすべての材料を入れてよく混ぜ合わせる。

▶▶ 大根の薄切りで。

オイスタードレッシング

▶▶ ゆでいんげんとプチトマトで。

すりごまドレッシング

▶▶ ゆでいんげんと
カッテージチーズで

ねりごま
ドレッシング

▶▶ ゆでいんげんと
うずら卵で。

コクうま

オイスタードレッシング

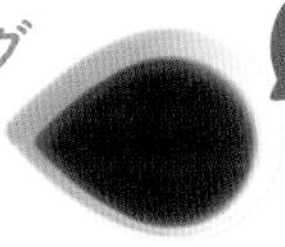

うまみたっぷりのオイスターソースで

材料・作りやすい分量

オイスターソース … 小さじ2
酢 … 大さじ2と½
砂糖 … 小さじ⅓
塩 … 少々
ごま油 … 大さじ1と½

作り方

ボウルに油以外の材料を入れてよく混ぜ合わせ、砂糖が溶けたら油を少しずつ加え、そのつどよく混ぜ合わせる。

コクうま

すりごまドレッシング

ごまのコクがたまらない!

材料・作りやすい分量

すりごま(白) … 大さじ½
酢 … 大さじ2
砂糖 … 小さじ⅓
しょうゆ … 大さじ1
ごま油 … 大さじ⅔

作り方

ボウルに油以外の材料を入れてよく混ぜ合わせ、砂糖が溶けたら油を少しずつ加え、そのつどよく混ぜ合わせる。

コクうま

ねりごまドレッシング

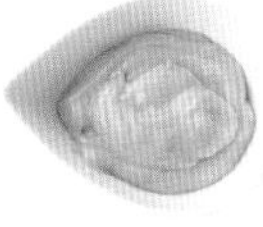

ゆでた魚介とあえてもおいしい

材料・作りやすい分量

ねりごま(白) … 大さじ2
酢 … 大さじ3
砂糖 … 大さじ½
しょうゆ … 小さじ1
ごま油 … 大さじ1

作り方

ボウルにねりごまを入れ、酢を少しずつ加え、そのつどよく混ぜ合わせる。なめらかになったら砂糖を加え、ざらつきがなくなったら残りの材料を入れてなめらかになるまで混ぜ合わせる。

ノンオイル塩こうじドレッシング

▶▶ ゆできのことプチトマトで。

ノンオイルしょうがドレッシング

▶▶ 焼きしいたけとサラダ菜で。

ノンオイル青じそドレッシング

▶▶ 焼きまいたけで。

ノンオイル塩こうじドレッシング

定番の味

塩こうじのうまみで食がすすみます

材料・作りやすい分量

塩こうじ … 大さじ3
レモン汁 … 1個分
砂糖 … 小さじ1

作り方

ボウルにすべての材料を入れて混ぜ合わせる。

ノンオイルしょうがドレッシング

さわやか

淡白な野菜のおいしさを引き立てます

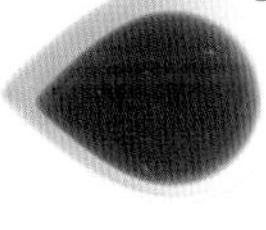

材料・作りやすい分量

しょうが(すりおろし) … 1かけ
だし汁 … 大さじ2
酢 … 大さじ3
しょうゆ … 大さじ1
砂糖 … 小さじ1

作り方

ボウルにすべての材料を入れて混ぜ合わせる。

だしをとるのが大変なときは、顆粒だしを湯で溶いて使って

ノンオイル青じそドレッシング

さわやか

だし汁でまろやかさとうまみをプラス

材料・作りやすい分量

青じそ(みじん切り) … 10枚分
だし汁 … 大さじ2
しょうゆ … 大さじ1
酢 … 小さじ½
塩 … 小さじ½

作り方

ボウルにすべての材料を入れて混ぜ合わせる。

酢と混ぜると色が黒ずむので、できるだけ食べる直前に作って

黒酢ドレッシング

▶▶ ゆでブロッコリーで。

ザーサイドレッシング

▶▶ ゆでブロッコリーで。

豆板醤ドレッシング

▶▶ ゆでブロッコリーと
雑穀ミックスで。

コクうま

黒酢ドレッシング

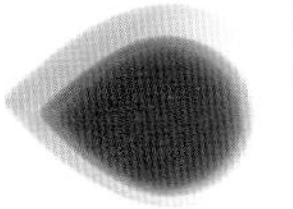

**オリーブ油がベースなので、
洋風メニューにも**

材料・作りやすい分量

黒酢 … 大さじ4
砂糖 … 小さじ1
しょうゆ … 小さじ1
オリーブ油 … 大さじ2

作り方

ボウルに油以外の材料を入れてよく混ぜ合わせ、砂糖が溶けたら油を少しずつ加え、そのつどよく混ぜ合わせる。

油を最初に入れると分離してしまい、混ざりにくくなるので、先にほかの調味料をよく混ぜて

アクセント

ザーサイドレッシング

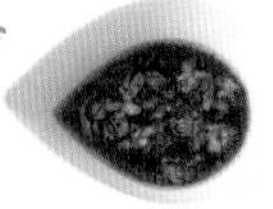

こりこりした食感が◎

材料・作りやすい分量

ザーサイ(瓶詰め) … 20g
酢 … 大さじ1
しょうゆ … 大さじ1
砂糖 … 小さじ½
ごま油 … 大さじ½

作り方

ザーサイはみじん切りにする。ボウルにすべての材料を入れて混ぜ合わせる。

アクセント

豆板醤ドレッシング

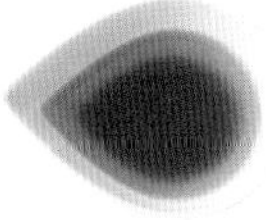

辛さに負けない深いコクがあります

材料・作りやすい分量

豆板醤 … 小さじ½
酢 … 大さじ2
しょうゆ … 大さじ½
砂糖 … 小さじ⅔
サラダ油 … 大さじ2
ごま油 … 大さじ½

作り方

ボウルに油以外の材料を入れてよく混ぜ合わせ、砂糖が溶けたら油を少しずつ加え、そのつどよく混ぜ合わせる。

タルタルソース

牛乳でまろやかさを出して

材料・2人分

マヨネーズ … ½カップ
牛乳 … 大さじ2
塩、こしょう … 各少々
固ゆで卵(粗みじん切り) … 1個
玉ねぎ(みじん切り) … ¼個
パセリ(みじん切り) … 適量

作り方

すべての材料を混ぜ合わせる。

●エビフライの作り方

材料・2人分

えび … 中〜大4尾
(塩、こしょう各少々)
A 卵 … ½個
小麦粉 … 大さじ1と½
水 … 大さじ½
パン粉、揚げ油 … 各適量
ミックスリーフ … 適量

作り方

1 えびは尾の一節を残して殻をむき、背ワタを取り除く。尾の先を斜めに切り、水をしごき出し、塩、こしょうをふる。ボウルに**A**を入れて混ぜ、えびをくぐらせ、パン粉をつける。
2 揚げ油を中温(170〜180℃)に熱し、**1**を入れて3分ほど揚げる。色よく揚がったら器に盛り、ミックスリーフを添える。

水が残っていると、揚げているときにはねやすくなります

コクうま

お酒に合う

ピリ辛クリームチーズ

一味唐辛子のピリッとした辛さが、お酒にもよく合います

材料・作りやすい分量

クリームチーズ
（室温にもどす）… 80〜90g
玉ねぎ … ¼個
オリーブ油 … 大さじ½
一味唐辛子
… 小さじ½〜1

作り方

1 玉ねぎはみじん切りにして塩少々（分量外）をふる。２〜３分おいて水にさらし、しっかりと水けを絞る。
2 ボウルにクリームチーズを入れ、オリーブ油を加えてなめらかになるまで混ぜ、残りの材料をすべて加えて混ぜる。器に盛り、好みでさらに唐辛子をふる。

定番の味

アボカドクリームチーズ

安定のおいしさ。アレンジも自在

材料・作りやすい分量

アボカド … 1個	レモン汁 … 小さじ1
クリームチーズ … 80g	オリーブ油 … 大さじ½

作り方

1 アボカドは皮と種を除き、ボウルに入れる。ペースト状になるまでフォークでつぶす。

2 **1**にクリームチーズを加えてゴムべらでよく混ぜ、レモン汁とオリーブ油を加えて混ぜ合わせる。

レモンは風味づけだけでなく、変色を防ぐ役割も。

定番の味

ワカモレ

熟したアボカドでどうぞ。ペーストにせず、刻んで野菜のおいしさを楽しんで

材料・作りやすい分量

アボカド … 1個	レモン汁 … 大さじ1
トマト … ½個	塩 … 小さじ¼
玉ねぎ … ¼個	こしょう … 少々

作り方

1 アボカドは皮と種を除き、トマトとともに粗いみじん切りにする。玉ねぎはみじん切りにして塩少々（分量外）をふる。2～3分おいて水にさらし、しっかりと水けを絞る。

2 すべての材料をボウルに入れ、混ぜ合わせる。

新しい味

さばみそケチャップディップ

みそ味のさば缶で。
トマト味と意外なほどよく合います

材料・作りやすい分量

- さば缶(みそ煮)…½缶(約100g)
- 長ねぎ … 10cm
- ごま油 … 大さじ½
- トマトケチャップ … 小さじ2
- みそ … 小さじ1

作り方

1 さばは軽く汁けをきってボウルに入れ、細かくほぐす。ねぎはみじん切りにする。
2 すべての材料をボウルに加え、混ぜる。

汁けが多すぎると、味がまとまりにくくなります

お酒に合う

さばのピリ辛マヨディップ

**豆板醤で辛味をつけて中華風に。
サンドイッチの具にしてもおいしい**

材料・作りやすい分量

さば缶（水煮）… ½缶（約100g）
いりごま（白）… 大さじ½
マヨネーズ … 大さじ１ と½
豆板醤 … 小さじ½

作り方

さばは汁けをきってボウルに入れ、ざっとほぐす。マヨネーズと豆板醤、ごまを加え、さばの身をほぐしながら混ぜる。器に盛り、好みでさらにごま適量をふる。

ほぐし加減はお好みで

コクうま

さばのガーリックオリーブディップ

さば缶をベースにした、食べごたえのあるディップ。にんにくで風味よく

材料・作りやすい分量

さば缶（水煮）… ½缶（約100g）
にんにく … 大１かけ
オリーブの実（グリーン・種なし）
… ３～４個
オリーブ油 … 大さじ４
塩 … 小さじ⅓
粗びき黒こしょう
… 少々

作り方

1 オリーブの実は粗いみじん切りにする。にんにくはみじん切りにする。フライパンにオリーブ油とにんにくを入れ、弱めの中火で１～２分炒める。オリーブの実を加えてさっと炒める。
2 さばは汁けをきってボウルに入れ、ざっとほぐして、炒めた具を油ごと加え、さばの身を細かくほぐしながら混ぜる。塩、こしょうで味を調える。

こげないように注意して

お酒に合う

明太子と豆腐のディップ

**明太子と豆腐、相性のいい組み合わせに
ごま油でコクをプラス**

材料・作りやすい分量

- 辛子明太子 … 30g
- 木綿豆腐 … ⅓丁(約100g)
- ごま油 … 小さじ2
- 塩 … 少々

作り方

1 明太子は薄皮を除き、身をこそげる。豆腐はペーパータオルに包んでザルにのせ、5～10分おいて水けをきってボウルに入れる。

2 **1**の豆腐をゴムべらでしっかりつぶして明太子を混ぜ、ごま油、塩を加えて混ぜ合わせる。

重しはしなくてOK。適度に水分が残っているほうが、なめらかな口当たりに

子どもも喜ぶ

たらこポテトディップ

人気の味。豆乳でなめらかにのばすと、軽やかでコクも出ます

材料・作りやすい分量

- たらこ … 30g
- じゃがいも … 1個
- 豆乳 … 大さじ2

作り方

1 じゃがいもは皮をむき、1cm幅のいちょう切りにする。耐熱のボウルに入れ、ふんわりとラップをして電子レンジで4分加熱する。熱いうちになめらかになるまでつぶす。たらこは薄皮を除き、身をこそげる。
2 すべての材料をボウルに加えて混ぜ合わせる。

さめるとつぶしにくくなるので、手早く

新しい味

豆乳タルタルディップ

玉ねぎとパセリがたっぷり入った
ヘルシーなディップ。はちみつが隠し味

材料・作りやすい分量

玉ねぎ … 大さじ2
パセリ（みじん切り）
　… 大さじ1
マヨネーズ … 大さじ4
豆乳 … 大さじ3
塩、こしょう、はちみつ
　… 各少々

作り方

1 玉ねぎはみじん切りにして塩少々（分量外）をふる。2～3分おいて水にさらし、しっかりと水けを絞る。
2 ボウルに1と残りの材料をすべて入れ、混ぜ合わせる。

お酒に合う

きのこマヨディップ

電子レンジで作る、お手軽ディップ。
きのこは 2 種類を組み合わせて

材料・作りやすい分量

- しいたけ … 1個
- しめじ … ½パック
- ツナ缶 … 1缶(約70g)
- オリーブ油 … 大さじ1
- マヨネーズ … 大さじ1
- 粗びき黒こしょう … 少々

作り方

1 しいたけとしめじはあれば石づきを除き、粗みじんに切る。
2 耐熱性の器に入れ、オリーブ油を回しかけ、ふんわりとラップをして電子レンジで1分加熱し、余分な汁けは捨てる。粗熱が取れたら汁をきったツナとマヨネーズと黒こしょうを加えて混ぜる。

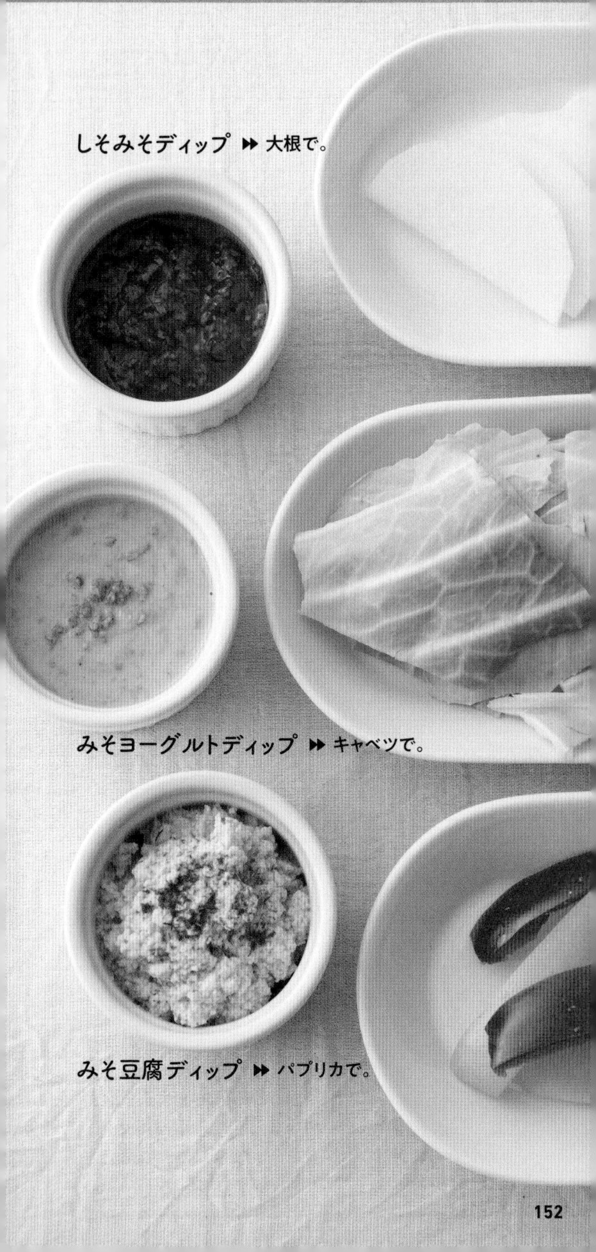

しそみそディップ ▶▶ 大根で。

みそヨーグルトディップ ▶▶ キャベツで。

みそ豆腐ディップ ▶▶ パプリカで。

しそみそディップ

甘みそに、しそでさわやかさを。
田楽みそとしても使えます

材料・作りやすい分量

みそ … 大さじ1
青じそ … 10枚
みりん … 大さじ1と½

作り方

青じそはみじん切りにする。みりんは耐熱性の器に入れ、ラップをせずに電子レンジで30秒加熱する。ボウルにすべての材料を入れ、混ぜる。

みそヨーグルトディップ

発酵食品の組み合わせ。
はちみつを加えてまろやかに

材料・作りやすい分量

プレーンヨーグルト … 大さじ3
みそ … 大さじ1
すりごま(白) … 大さじ1
はちみつ … 大さじ½

作り方

ボウルにみそを入れ、ヨーグルトを加えてよく混ぜる。なめらかになったら、ごまとはちみつを加えてまんべんなく混ぜ合わせる。

みそ豆腐ディップ

しょうがのきいた和風味のディップ

材料・作りやすい分量

みそ … 大さじ1
木綿豆腐 … ⅓丁(約100g)
青のり … 小さじ⅓
しょうが汁 … 少々
ごま油 … 大さじ½
砂糖 … 小さじ1

作り方

1 豆腐はペーパータオルで包んでザルにのせ、5～10分おいて水けをきる。ボウルに入れ、ゴムベらでよくつぶす。
2 なめらかなペースト状になったらみそを加えて混ぜ、まんべんなく混ざったら残りの材料を加えて混ぜ合わせる。器に盛り、好みでさらに青のりをふる。

子どもも喜ぶ

ひき肉の温玉ディップ

ごちそう感のあるひき肉のディップ。みそでコクを出します

材料・作りやすい分量

豚ひき肉 … 100g
温泉卵(市販品) … 1個
A 酒 … 大さじ1
└砂糖 … 小さじ1
みそ … 小さじ1と½
B 片栗粉 … 小さじ½
└水 … 小さじ1
サラダ油 … 小さじ1

作り方

1 フライパンにサラダ油を中火で熱し、ひき肉を入れて炒める。肉の色が完全に変わったら水½カップ(分量外)と**A**を加えて2～3分煮て、みそを加えて混ぜる。汁けがほぼなくなったら**B**を混ぜながら加え、とろみがついたら火を止める。
2 温泉卵を割り入れてくずしてひき肉と混ぜる。

Part 4

楽しさ広がる 鍋のつゆとつけだれ

味つけが一発で決まり、マンネリを解消する
「鍋の素」をご紹介します。好みの味を見つけて。

キムチ鍋のベース

キムチ鍋は、白菜キムチに調味料を組み合わせて味を作ります。好みに応じてキムチの量を増やしても

ボリュームあり

材料・2〜3人分

〈鍋のベース〉

白菜キムチ … 120〜150g
しょうゆ … 大さじ1と½
酒、みりん … 各大さじ1
鶏ガラスープの素(顆粒)、コチュジャン … 各小さじ1
にんにく(すりおろし) … 小さじ1
好みで一味唐辛子 … 小さじ¼〜⅓

スープ … 3カップ
(鶏ガラスープの素(顆粒)小さじ1と½を溶く)

〈具材〉

豚バラ薄切り肉 … 200〜250g
にら … ½束
もやし … ½袋
豆腐 … 1丁(300g)

作り方

1 キムチは食べやすい大きさに切り、そのほかの鍋のベースの材料を混ぜる。豚肉は食べやすく切る。にらは4cm長さに切る。もやしはできればひげ根を取る。豆腐は食べやすく切る。
2 鍋にスープを煮立て、**1**の鍋のベースを入れる。もやしを入れて、2分ほど煮たら豚肉をほぐしながら加える。にら、豆腐も加えて好みの加減に煮る。

Before

鍋のベースを入れて煮るだけで

After

完成！

飛鳥鍋のベース

子どもも喜ぶ

奈良の飛鳥地方で親しまれている飛鳥鍋。
牛乳とみその、コクのあるスープです

材料・2人分

〈鍋のベース〉

A みそ … 大さじ1
　酒 … 大さじ1
　鶏ガラスープの素(顆粒) … 小さじ1
水 … 2カップ
牛乳 … ½カップ

〈具材〉

鶏もも肉(8等分に切る) … 1枚(250〜300g)
白菜(ざく切り) … 3枚
大根(6〜7㎜厚さの半月切り) … 5㎝

作り方

鍋に水と鶏肉、大根、白菜の茎の部分を入れ、10分ほど煮る。アクを除き、**A**と白菜の葉の部分を加えて1〜2分煮る。牛乳を加え、好みの加減に煮る。

牛乳は最初から入れると風味がとんでしまうので、仕上げに加えて

ジャージャー鍋のベース

辛さ
少なめ

**ジャージャー麺のあの味つけを鍋仕立てに。
中華の甘みそ、甜麺醤をベースにすれば、
味が決まりやすくなります**

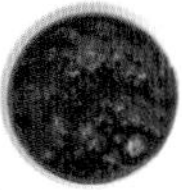

材料・2人分

〈鍋のベース〉

A 長ねぎ（みじん切り）… 大さじ2
しょうが（みじん切り）… 大さじ1
豆板醤 … 小さじ½
酒 … 大さじ1
鶏ガラスープの素（顆粒）… 小さじ1

甜麺醤 … 大さじ1と½
ごま油 … 大さじ1
水 … 2と½カップ

〈具材〉

豚ひき肉 … 200g
青梗菜 … 1株
えのきだけ … 小1袋

作り方

1 青梗菜は葉と茎に分けて切り、茎を縦に6つに切り、葉はざく切りにする。えのきは根元を切り落とす。

2 鍋にごま油を中火で熱し、豚ひき肉を入れて弱めの中火で炒める。色が完全に変わったら水を加え、煮立ったら青梗菜の茎を入れて**A**を加える。煮立ったらアクを除き、甜麺醤を溶き入れ、青梗菜の葉とえのきを加えて3分ほど煮る。

ベトナムフォー鍋のベース

エスニック味

レモンの酸味がきいた、ベトナムフォーの鍋。さわやかでナンプラーのうまみで箸がすすみます

材料・2人分

〈鍋のベース〉

A レモンの薄切り（いちょう切り）… 2～3枚分
ナンプラー … 大さじ2
鶏ガラスープの素（顆粒）… 小さじ1
塩 … 小さじ⅓
ごま油 … 少々
水 … 3カップ

〈具材〉

鶏むね肉1枚（約300g）／酒大さじ1／片栗粉小さじ1／レタス½個／しいたけ3～4個／春雨（乾燥、ショートタイプ）40g

作り方

1 鶏肉は食べやすい厚さのそぎ切りにして、酒、片栗粉をもみ込む。レタスは食べやすくちぎる。しいたけは軸を切って半分に切る。

2 鍋に水と鶏肉を入れて中火にかけ、煮立ったら**A**を入れ、春雨、しいたけを加える。具材に火が通ったらレタスを入れる。

スープカレー鍋のベース

ボリュームあり

ルーのカレーとはひと味違う、
すっきりとした味のスープカレー。
野菜をたっぷり加えて鍋に

材料・2人分

〈鍋のベース〉

A カレー粉 … 大さじ1弱
　酒 … 大さじ1
　塩 … 小さじ1強
　洋風スープの素(顆粒)、
　トマトケチャップ、
　ウスターソース … 各小さじ1
　しょうゆ … 少々

にんにく(粗みじん切り) … 小1かけ
サラダ油 … 大さじ½
水 … 2と½カップ

〈具材〉

鶏手羽元4本／じゃがいも中2個／なす1本／ピーマン1個／トマト中1個

作り方

1 鶏肉は縦に2～3か所切り込みを入れる。じゃがいもは4等分に切る。なすは1.5cm幅の輪切りにする。ピーマンはへたと種を除き、一口大に切る。トマトは一口大に切る。

2 鍋にサラダ油を中火で熱し、にんにくを炒め、香りが立ったら鶏肉を入れて炒める。色が変わったら残りの野菜を入れて炒め合わせ、水を注いで煮立ったらアクを除き7～8分煮る。**A**を加えてさらに5～6分煮る。

石狩鍋のベース

幅広い
世代向き

みそとバターのコクがたまらない石狩鍋。
味がしみるよう、しばらく煮てからどうぞ

材料・2人分

〈鍋のベース〉
- みそ … 大さじ2と½
- バター … 大さじ1～1と½
- だし汁 … 3カップ

〈具材〉
- 生鮭 … 2切れ
- キャベツ … 大3枚
- じゃがいも … 2個
- とうもろこし … 1本

作り方

1. 鮭は食べやすい大きさに切り、大きい骨は取り除く。キャベツはざく切りにする。じゃがいもは半分に切ってから3等分に切る。とうもろこしは3㎝厚さに切る。
2. 鍋にだし汁とじゃがいも、とうもろこしを入れて火にかけ、煮立ったら鮭を加えて弱火にする。キャベツを入れ、みそを溶き入れ10分ほど煮て、バターを落とす。

みそ汁とちがい、ある程度煮て、味をしみ込ませて。本場、北海道では仕上げに粉さんしょうをふる地域も

つゆしゃぶのベース

お酒もすすむ

味つきの汁で肉に火を通す、つゆしゃぶの素。
しょうがとラー油で本格的な味わいに

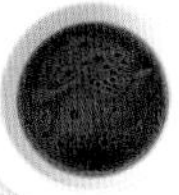

材料・2人分

〈鍋のベース〉

しょうゆ … 大さじ2
酒 … 大さじ1と½
鶏ガラスープの素(顆粒) … 小さじ1
ラー油 … 小さじ½
しょうが汁 … 大さじ½
水 … 2と½～3カップ

〈具材〉

豚しゃぶしゃぶ用肉(好みの部位) … 200～250g
水菜 … 1袋

作り方

1 水菜はざく切りにする。
2 鍋に鍋のベースを入れて中火にかけ、煮立ったら豚肉と水菜を入れ、好みの具合に煮て食べる。

豆乳甘酒鍋のベース

お酒もすすむ

甘酒をベースにした豆乳甘酒鍋。
甘酒が生み出すまろやかで
深いコクに驚き

材料・2人分

〈鍋のベース〉

豆乳(成分無調整)、甘酒 … 各1カップ
しょうゆ … 大さじ1と ½
和風だしの素(顆粒) … 小さじ½

〈具材〉

豚こま切れ肉 … 200～250g
豆苗 … ½袋
大根 … 5～6㎝
にんじん … ½本

早く火が通るようにして、食感よく

作り方

1 豆苗は長さを半分に切る。にんじんと大根はピーラーで薄く削る。
2 鍋に豚肉を入れ、鍋のベースを回し入れて中火にかける。肉の色が変わったら野菜を入れ、好みの具合に煮て食べる。

豆乳ごま鍋のベース

子どもも喜ぶ

豆乳ごま鍋の味つけは塩だけ。
ごまと豆乳の風味が引き立ちます

材料・2人分

〈鍋のベース〉

- **B** 豆乳（成分無調整）… 1カップ
- 塩 … 小さじ½
- すりごま（白）… 大さじ2

だし汁 … 1カップ

〈具材〉

白菜 … 大3枚

しめじ … 1パック

- **A** 鶏ももひき肉 … 300g
- 玉ねぎ（すりおろし）… 大さじ2
- 酒 … 大さじ½
- 塩 … 少々

作り方

1 ボウルに**A**を入れ、よく混ぜ合わせる。白菜は茎と葉を切り分け、茎は細切り、葉は食べやすく切る。しめじは根元を切り落とす。

2 鍋にだし汁を入れ、煮立ったら**1**の**A**を小さくスプーンなどで丸めて落とし入れ、色が変わったら白菜の茎を入れる。やわらかくなったらしめじと白菜の葉を加え、**B**を入れて好みの具合に煮て食べる。

気分に合わせて

まだまだあります

鍋のつけだれいろいろ

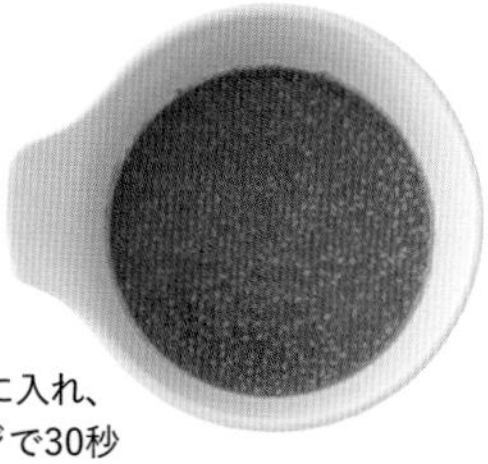

あっさりごまだれ

しゃぶしゃぶにおすすめ

材料・2人分と作り方

みりん大さじ1を耐熱容器に入れ、ラップをせずに電子レンジで30秒加熱する。ボウルに入れ、**すりごま(白)大さじ3、しょうゆ大さじ1と½、酢大さじ1、砂糖大さじ⅔**を加えて混ぜ合わせる。

しょうがの甘酢だれ

甘みとしょうがの辛さが
絶妙のバランス。しゃぶしゃぶに

材料・2人分と作り方

みりん大さじ2を耐熱容器に入れ、ラップをせずに電子レンジで30秒加熱する。ボウルに入れ、**酢大さじ2、しょうゆ大さじ1、砂糖小さじ1、しょうが(すりおろし)小1かけ分**を加えて混ぜ合わせる。

卵黄おかかじょうゆだれ

湯豆腐がちょっと
ものたりないな、というときに

材料・2人分と作り方

ボウルに卵黄（新鮮なもの）2個、しょうゆ大さじ1、粉がつお大さじ½～⅔、青のり適量を入れて混ぜ合わせる。

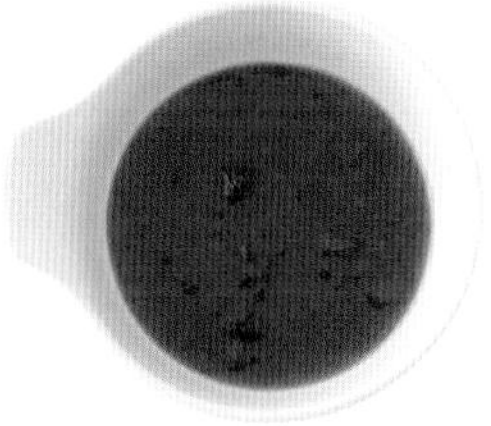

梅肉だれ

しゃぶしゃぶ、湯豆腐、
どちらにも合います

材料・2人分と作り方

梅干し中2個は種を除いて包丁で細かくたたく。みりん大さじ2を耐熱容器に入れ、ラップをせずに電子レンジで30秒加熱する。ボウルに梅干しとみりんを入れ、しょうゆ小さじ1を加えて混ぜ合わせる。

とろろ昆布だれ

湯豆腐や、たらちりに。
煮汁で割りながらどうぞ

材料・2人分と作り方

みりん大さじ2を耐熱容器に入れ、ラップをせずに電子レンジで30秒加熱する。ボウルに入れ、とろろ昆布3g、しょうゆ、りんご酢各大さじ1、ごま油小さじ2を加えて混ぜ合わせる。

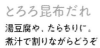

手作りだれをおいしくする調味料と食材

この本では基本調味料で作れるたれを紹介していますが、味のアクセントに、辛味調味料などを使っています。ぜひ取り入れてみて。

ねりごま

ごまを焙煎してからすりつぶし、ペースト状になるまで練りあげたもの。混ぜて使って。

アンチョビー

カタクチイワシを塩漬けにし、オリーブ油などに漬けたもの。強いうまみと塩けがあります。

ゆずこしょう

青ゆずの皮をすりおろし、青唐辛子や塩と漬け込んだもの。清涼感のある辛味が特徴です。

粒マスタード

からし菜の種を粗くひき、酢などの調味料に漬けたもの。辛さはほかの辛子調味料に比べてマイルド。

Part 5

混ぜるだけの
ご飯とパンの供

これさえあればおかずいらず！
毎日飽きずに食べられるご飯の供、パンの供です。

コクうま

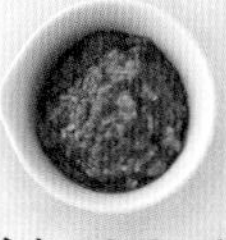

ねぎみそ

水分が多めで柔らかいので、パンに塗ったり、ドレッシングに入れたり、アレンジも自在です

材料・作りやすい分量

長ねぎ … 5cm
みそ … 大さじ2
みりん（電子レンジでラップをせずに20秒加熱する）… 大さじ2
砂糖 … 大さじ1
しょうが汁 … 小1かけ分

作り方

ねぎはみじん切りにする。ボウルにすべての材料を入れて混ぜる。

ねり梅おかか

みりんで酸味をマイルドに

材料・作りやすい分量

梅干し中３個／削り節2.5g（１パック）／しょうゆ小さじ１／
みりん（電子レンジでラップをせずに20秒加熱する）大さじ½

作り方

梅干しは種を除き、包丁でペースト状になるまでたたく。ボウルにすべての材料を入れて混ぜる。

刻みたくあんしそ

たくあんに
たっぷり青じそを加えて

材料・作りやすい分量

たくあん … 40g
青じそ … ３枚

作り方

たくあんとしそはそれぞれ粗みじんに切る。ボウルにすべての材料を入れて混ぜる。

しょうがおかか

ピリッとしたしょうがの風味が
やみつきになりそう

材料・作りやすい分量

しょうが大１かけ（約15g）／
削り節2.5g（１パック）／酒（電子レンジでラップをせずに20秒加熱する）大さじ½／しょうゆ小さじ１

作り方

しょうがはみじん切りにする。ボウルにすべての材料を入れて混ぜる。

のりチーズ

おむすびの具にも◎

材料・作りやすい分量

焼きのり（8枚切り）… 5枚
プロセスチーズ … 30g
しょうゆ … 小さじ1
みりん（電子レンジでラップをせずに20秒加熱する）… 大さじ½

作り方

のりは細かくちぎる。チーズは5㎜角に切る。ボウルにすべての材料を入れて混ぜる。

キムチなめたけ

2つの材料を合わせただけなのに、絶品!

材料・作りやすい分量

白菜キムチ（細かく刻む）… 25g
なめたけ（びん詰め）
… 20g（大さじ1）

作り方

ボウルにすべての材料を入れて混ぜる。

わさびなめたけ

わさびで洗練された大人の味に

材料・作りやすい分量

ねりわさび（チューブ）… 1㎝
なめたけ（びん詰め）… 30g
（大さじ1と½）

作り方

ボウルにすべての材料を入れて混ぜる。

ピリ辛

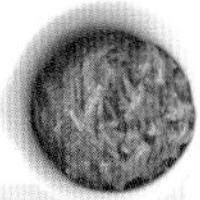

明太なめたけ

おかわり必至の魅惑の組み合わせ

材料・作りやすい分量

辛子明太子 … 25g
なめたけ(びん詰め)
… 20g (大さじ1)

作り方

明太子は薄皮を除き、身をこそげ出す。ボウルにすべての材料を入れて混ぜる。

ピリ辛

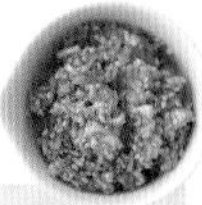

ラー油ごまねぎ

辛いもの好きさんにおすすめ

材料・作りやすい分量

いりごま(白) … 小さじ1
長ねぎ … 5㎝
しょうゆ … 小さじ2
ラー油 … 適量

作り方

ねぎは粗みじんに切る。ボウルにすべての材料を入れて混ぜる。

コクうま

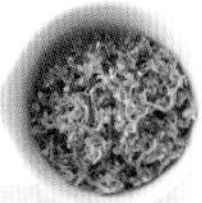

じゃこごまオリーブ油

味つけは塩で。
じゃこの風味が引き立ちます

材料・作りやすい分量

ちりめんじゃこ … 20g
いりごま(白) … 6g (小さじ2)
塩 … 少々
オリーブ油 … 大さじ1

作り方

ボウルにすべての材料を入れて混ぜる。

自家製のりのつくだ煮

食べ忘れていたのりがあったらぜひ活用を。
のりの香りがよみがえります。
時間はかかりますが手間なし。冷蔵で2週間日もちします

材料・作りやすい分量

焼きのり(全形)… 10枚
だし汁… 2カップ
酒… ¼カップ
砂糖(三温糖)… 大さじ2
みりん… 大さじ2
しょうゆ… 大さじ4と½

新しいものでなくてOK。しけてしまったものなどを活用して

作り方

1 のりは小さめにちぎる。
2 鍋にのりを入れ、だし汁を入れて強火にかける。煮立ったら、酒、砂糖、みりん、しょうゆを順に入れ、ときどき底から大きく混ぜながら弱火で30〜40分煮る。木べらで鍋底をこすると、道(空間)ができて底が見えるようになったら火を止める。すぐに鍋から出してさます。

自家製なめたけ

手作りなめたけは格別のおいしさ!
あっさりした味つけで、たっぷり食べられます

材料・作りやすい分量

えのきだけ … 大２パック(約400g)
だし汁 … ½カップ
しょうゆ … 大さじ５
みりん … 大さじ５

作り方

1 えのきだけは根元を切り落とし、２～３㎝長さに切る。
2 フライパンにすべての材料を入れて中火にかける。煮立ったらときどき混ぜながらアクを除き、ほぼ汁けがなくなるまで煮て火を止める。

★冷蔵室で１週間保存可能。

長さは好みで調整してOK。ご飯となじみやすいのは２～３㎝長さ

おやつ系

くるみバター

**ごろごろと大きなくるみを入れて、ゴージャスに。
からいりすると、薄皮をむきやすくなり、
渋みも抑えられます
フレーバーバターはパンにのせてトーストすると絶品!**

材料・2枚分

くるみ … 20g
バター … 40g
はちみつ
… 小さじ1

作り方

1 バターは室温にもどす。くるみはフライパンでこげないように軽くからいりし、こするようにして薄皮を除いて粗く刻む。
2 ボウルにすべての材料を入れて混ぜる。

おかず系

たらこバター

老若男女、幅広い層に喜ばれます

材料・2枚分

たらこ … ½腹(30〜40g)
バター … 40g
粗びき黒こしょう … 少々

作り方

バターは室温にもどす。たらこは薄皮を除き、身をこそげ出す。ボウルにバターとたらこ、こしょうを入れて混ぜる。

おかず系

バジルバター

フレッシュバジルが残ったときに

材料・2枚分

フレッシュバジルの葉 … 7〜8枚
バター … 40g
塩、こしょう … 各少々

作り方

バターは室温にもどす。バジルは葉を摘み、よく洗ってペーパータオルで水けを除く。バジルは細かく刻む。ボウルにバターとバジルを入れて塩、こしょうをふって混ぜる。

おかず系

刻みハムバター

ハムは刻んでソースにすると新鮮

材料・2枚分

バター40g／ロースハム２枚／
パセリ(みじん切り)小さじ１

作り方

バターは室温にもどす。ハムは細かく刻む。ボウルにバターとハムを入れて混ぜ、パセリを加えてさらに混ぜる。

ハニードライフルーツ

**ドライフルーツとはちみつを
合わせると美味**

材料・2枚分

好みのミックスドライフルーツ（レーズン、あんずなど）30g／バター40g／はちみつ大さじ2

作り方

バターは室温にもどす。ドライフルーツはボウルに入れ、かぶるくらいの熱湯を注いで10分ほどおく。水けをきって粗く刻み、はちみつ、バターとボウルに入れ混ぜる。

ココアシュガー

**トーストにも、
パンケーキにも合うココア味**

材料・2枚分

ココア … 小さじ1
グラニュー糖 … 大さじ1

作り方

ボウルにすべての材料を入れて混ぜる。

黒ごまチーズ

**すりごまで作るのがコツ。
濃厚な風味がおいしい**

材料・2枚分

クリームチーズ（キューブ）18g×3個／すりごま（黒）大さじ1／はちみつ大さじ1／レモン汁小さじ1

作り方

クリームチーズは室温にもどし、なめらかに練り混ぜる。ボウルにすべての材料を入れて混ぜる。

ガーリックマヨネーズ

フランスパンに塗ってトーストに

材料・2枚分

マヨネーズ … 大さじ2
オリーブ油 … 大さじ½
にんにく（すりおろし）… 小さじ⅓

作り方

ボウルにすべての材料を入れ、混ぜる。

コーンパセリ マヨネーズ

コーンの甘みとマヨネーズのおいしさに脱帽

材料・2枚分

コーン缶 … 大さじ4
パセリ（みじん切り）… 小さじ2
マヨネーズ … 大さじ2

作り方

ボウルにすべての材料を入れて混ぜる。

はちみつごまレモン

ごまの香ばしさとはちみつの甘さが好相性

材料・2枚分

すりごま（白）… 大さじ1と½〜2
はちみつ … 大さじ3
レモン汁 … 小さじ1

作り方

ボウルにすべての材料を入れて混ぜる。

塩

保存方法

湿気のないところで保存。固まってしまったときは耐熱容器に入れ、電子レンジで20〜30秒加熱して、木べらなどでくだきます(出した直後は熱いので注意)。固まりが解消できないときは、加熱時間を少しずつ増やして。

選び方

ミネラル分が多い「天然塩」はうまみが豊かで、塩そのものを味わう料理におすすめ。フライパンでからいりすると、サラサラになります。

カレー塩

カレー粉と塩を1:3の割合で混ぜ合わせて。抹茶塩同様、揚げものとよく合います。野菜とも相性がよく、淡白な素材の味を引き立てます。ゆで野菜やフライドポテトにふって。

ゆかり塩

市販のゆかりと塩を1:1の割合で混ぜて。きゅうりやキャベツ、大根などを食べやすく切り、ゆかり塩をふってあえれば、即席漬け風に。梅干しを漬けたときの赤じそを使う場合は、広げて天日に干し、パリパリに乾いたらすり鉢ですって粉末状にして塩と合わせます。

さんしょう塩

さんしょうと塩を1:10の割合で混ぜ合わせて。さんしょうは風味が強いので、少しずつ混ぜて。塩とさんしょうをすり鉢ですると、香りが強く立ってきます。焼きとりや天ぷらに。

抹茶塩

抹茶と塩を1:1の割合で混ぜ合わせて。風味がよく、抹茶の風味で油っぽさが抑えられるので、天ぷらに合わせるのが定番。ぶりなど、脂ののった魚の刺身にふりかけても。

自家製ごま塩

いりごまと塩を5:1の割合で混ぜ合わせて。そのままだと塩とごまがなじみにくいので、まずすり鉢で塩を細かくなるまですり、ごまを加えて香りが立つ程度にすって。

青のり塩

青のりと塩を1:1の割合で混ぜ合わせて。磯の風味で淡白な素材にもメリハリがつきます。素揚げにした長いもにまぶしたり、おにぎりの表面につけたり、冷ややっこにふっても。

●基本の調味料に1素材だけ加えたアレンジバリエーションです。

みそ

保存方法

空気を遮断して、冷暗所で保存。常温では発酵が進みます。また、光に当たったり時間がたつと「メイラード反応」という現象で色が濃くなり、味も変化します。長期間使わない場合は、冷凍を。

選び方

さまざまな種類が販売されているので、好みのものを選んで構いませんが、アレンジするなら、大豆、こうじ、塩だけが原料の、シンプルなみそがおすすめ。

みそマヨネーズ

マヨネーズとみそを1～2:1の割合で混ぜ合わせて。生野菜スティックなどにつけて食べたり、薄切り肉を漬け込んでから焼くと、みそとマヨネーズの効果でやわらかくなります。

みそケチャップ

トマトケチャップとみそを1～2:1の割合で混ぜ合わせて。トマトより、みその風味が強く、うまみは増してマイルドな味に。さばのみそ煮などに使うと、減塩になります。

にんにくみそ

みそ100gににんにく1～2かけ(半分から¼に切ったもの)を混ぜるだけ。1週間程度でみそににんにくの風味が移ります。炒めもの、ホイル焼きなどに。冷蔵庫で1年ほど保存可能。

みそバター

バターとみそを1～2:1の割合で混ぜて。バターを室温にもどし、混ぜ合わせるとなめらかに。ゆでたじゃがいもにのせたり、魚介と相性がいいので、ゆでたいかやえびにのせて。

らっきょうみそ

生のらっきょうが出回る季節にどうぞ。塩をふって薄皮をむき、ゆでたらっきょうをペーパータオルで拭き、みそ漬けに。1週間ほどで食べごろに。漬かったらっきょうを細かく刻んで漬け床のみそと混ぜ、魚や肉に塗って焼いても。

即席酢みそ

「ぬた」などで少しだけ酢みそを作りたいときには、白みそと市販のすし酢を1:1の割合で混ぜれば、即席の酢みそに。辛味をきかせたいときは、練りがらし少々を混ぜて。

しょうゆ

保存方法

空気に触れると酸化が進み、色が濃くなり、風味が変わってしまいます。開封後は冷蔵庫や冷暗所で光に当たらないように保存を。容量の少ないものを早めに使いきるのがおすすめ。

選び方

「こいくちしょうゆ」が一般的ですが、関西では色や風味が柔らかいものの、塩分は強めな「うすくちしょうゆ」がよく使われます。九州地方では甘みを加えたものが人気。

ねぎじょうゆ

長ねぎを粗みじん切りにして保存容器に入れ、かぶるくらいのしょうゆを注いで。汁が上がってきたころから食べごろ。冷蔵庫で２週間保存可能。そのままご飯にのせてもおいしい。

レモンじょうゆ

レモン汁としょうゆを1:2の割合で混ぜ合わせて。ステーキやソテーなど、焼いた肉にかけたり、刺し身のつけじょうゆとして。刺し身につけるときは、煮切った酒をたしても。

唐辛子じょうゆ

しょうゆ１カップに、赤唐辛子(鷹の爪)１本を漬け込んで。青唐辛子が出回る時期なら、青唐辛子を漬けると、タイの唐辛子のナンプラー漬け風。にんにくやかんきつの酸味をたして、エスニック料理に。

にんにくじょうゆ

しょうゆ１カップに、にんにく１～２かけを丸ごと漬け込んで。１週間程度で風味が移ります。スペアリブやから揚げなどの漬けだれにしたり、炒めものに。１年以上保存可能。

昆布じょうゆ

しょうゆ１カップに、昆布2cm角を入れておくと、昆布風味のしょうゆに。刺し身のつけじょうゆや、削り節をたして湯豆腐のつけだれにしたり、シンプルに焼き魚にかけても。

梅じょうゆ

梅干し(身を使った後の種)をしょうゆに漬け込んでおくと、梅の風味が移ってさわやかな味わいに。あえものや、炒めものに。防腐効果もあるので、お弁当にも。

トマトケチャップ

保存方法

未開封なら常温で１年程度保存可能。開封後は冷蔵保存を。風味が変わるので、１か月を目安に使いきるのがおすすめ。水分が分離することがあるので、口を上に向けて保存を。

選び方

近年、種類が増えてきたトマトケチャップ。ペースト状のものだけでなく、トマトや玉ねぎなど、粒状の野菜が具材のように入っているタイプも。甘みや酸味が控えめのものも登場。

豆板醤ケチャップ

ケチャップは加える辛味によってガラリと味が変わるのが魅力。豆板醤を混ぜれば、中華テイストに。ケチャップ大さじ2〜3に、豆板醤小さじ¼程度を混ぜて。炒めものに。

タバスコケチャップ

「ケチャップの甘さが苦手」という方にも喜ばれます。ケチャップ大さじ２〜３に、タバスコ適量をふって混ぜるだけ。味が引き締まります。オムライス、フライなどに。

ダブルトマトケチャップ

ケチャップ½カップに刻んだトマト¼個分を混ぜれば、酸味が加わり、甘みが抑えられて簡単なソースに。フレッシュな味わいで、ハンバーグやオムレツにかけるとごちそう風。

カレーケチャップ

ケチャップ大さじ２〜３に、カレー粉小さじ¼程度を混ぜると、南米風のテイストに。魚や肉のグリルにつけたり、ひき肉と炒めれば即席キーマカレー風。

オイスターケチャップ

オイスターソースとケチャップを1:2くらいの割合で混ぜ合わせて。チキンナゲットと相性がよく、市販のナゲットソースのような深みのある味に。ゆでた魚介にかけても。

シナモンケチャップ

ケチャップ大さじ２〜３にシナモンパウダーをひとふりすると、中東風。シンプルに塩、こしょうをふって焼いた肉と合わせるだけで、ケバブ風。肉をマリネして焼いても。

ソース

保存方法

未開封なら常温で１年程度保存可能。開封後は冷蔵保存を。風味が変わるので、ウスターソースは３か月、中濃ソースやとんかつソースは２か月を目安に使いきって。

選び方

中濃ソース、とんかつソース、ウスターソースの原材料はほぼ同じ。素材の繊維量をどれくらい残すかによって、濃度と甘みが変わります。とろみが強いほど甘みも強め。

バルサミコソース風

酢と中濃ソースを１:１の割合で混ぜると、バルサミコソースのような味に。酸味や塩味のバランスが似ているため、非常に近い味になります。

すりごまソース

とんかつ屋さんで出てくることがある、ごま風味のソース。すりごまと中濃ソースを混ぜるだけで、あの味わいに近くなります。割合はすりごま１:ソース３を目安にお好みで。

しょうがソース

ウスターソース⅓カップにおろししょうがを小さじ１程度混ぜると、さらにスパイシーに。豚肉の薄切りを炒めれば、変わりしょうが焼きの完成。

しょうゆソース

中濃ソースだけだと甘い、ウスターソースだとスパイシーすぎるというときは、しょうゆとソースを１:１の割合で混ぜて。お好み焼きや焼きうどんの味が引き締まり、うまみアップ。

オイスターソース風

オイスターソースは１本買っても使いきれない…というときは、ウスターソース大さじ２～３に鶏ガラスープの素小さじ１程度を混ぜて代用。焼きそばもこのソースなら、上海風に。

ラー油ソース

複雑なうまみがあるソースは、ともすれば唐辛子の辛味が消えてしまいますが、ラー油の味に変化がつき、ソースの野菜のうまみも引き立ちます。ソース大さじ２～３にひとふり。香ばしく焼いた卵料理と相性のいいソースです。

酢

保存方法

未開封なら常温で1年程度保存可能。開封後は冷暗所で保存し、半年程度で使いきって。近年は砂糖やだしなどを混ぜた調合酢が人気ですが、保存期間が短め。冷蔵保存を。

選び方

穀物酢は小麦、とうもろこしなどが原料で、さっぱり味。米酢は米が原料で、コクがあります。黒酢は玄米やもち米が原料で、独特の風味が。ワインビネガーは酸味が強め。

しょうが酢

使い残したしょうががあったら、酢に漬けておくだけ。酢にほんのりしょうがの風味が移って、意外と重宝します。酢のものやドレッシングに使ったり、炒めものにさっとかけて。

ダブルりんご酢

すりおろしりんごとりんご酢を2:1の割合混ぜて。焼き肉にのせたり、ヨーグルトに混ぜてどうぞ。甘みが欲しければはちみつを、塩けが欲しければしょうゆを加えても。

レモンビネガー

ドレッシングを作るときに、レモン汁だけだと酸味が強すぎることも。レモン汁と酢を1:1の割合で混ぜると、フルーティでまろやか。また、酢とレモンで「レモンビネガー」を作っておくと便利。酢1カップに薄切りにしたレモン1個(約90g)と同量の氷砂糖(90g)を漬け込むだけ。水で割って飲んだり、ドレッシングやソテーに。

はちみつ黒酢

ビネガードリンクは、酢に氷砂糖やはちみつとくだものを漬けたものが主。完成までに時間がかかりますが、もともとまろやかな黒酢なら、はちみつと1:1で混ぜるだけ。すぐ飲めます。

こしょう酢

減塩をしたいときの「つけだれ」に。酢大さじ2～3に粗びき黒こしょうをひとふり。ぎょうざ、春巻きなどにはしょうゆを使わず、この「こしょう酢」だけでもメリハリのある味に。

覚えておきたい

調味料の量り方

調味料は計り方によって分量に誤差が出てしまいます。正しい計量のしかたを覚えて、おいしく作って！

計量は、計量カップとスプーンを使いましょう。計量スプーンの大さじは水や液体調味料を満量まで入れたときに15㎖、小さじは5㎖が計れます。「1杯」は山盛りではなく、さじにぴったり入る量を指します。粉末はふんわりとすくい、すり切り棒など、平らな棒状のもので余分な粉を落とします。液体はスプーンのふちいっぱいまで入れます。さじの⅔の高さでおよそ½杯になります。

【1杯】

【½杯】

液体は真横から見る

液体は目盛りと目線を並行に、真横から見て量ります。

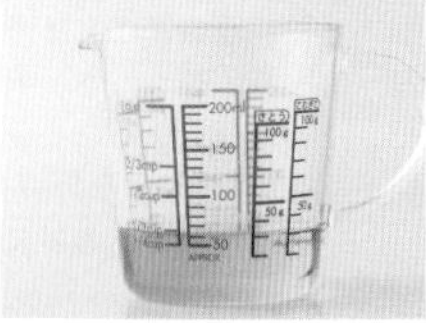

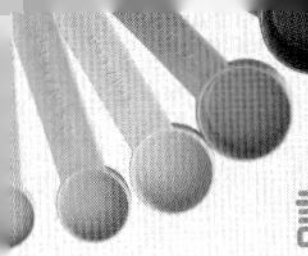

調味料重量換算表

調味料をたくさん計るときは、
重さでキッチンスケールで計ると便利です。
レシピ中の「大さじ」「小さじ」の分量は、
下記のとおり換算して。

	大さじ1	小さじ1
砂糖	9g	3g
グラニュー糖	12g	4g
塩(精製塩)	18g	6g
塩(自然塩)	15g	5g
しょうゆ	18g	6g
みりん	18g	6g
みそ	18g	6g
はちみつ	21g	7g
油	12g	4g
バター	12g	4g
ウスターソース	18g	6g
中濃ソース	15g	5g
マヨネーズ	12g	4g
片栗粉	9g	3g
小麦粉(薄力粉)	9g	3g
カレー粉	6g	2g
鶏ガラスープの素	9g	3g

たれインデックス

味つけ別

素材別

●野菜●

武蔵裕子
むさしゆうこ

料理研究家。双子の息子と両親の３世代の健康を支えてきた経験から生まれた、簡単でおいしいレシピが、幅広い世代に支持されている。特に味つけやオリジナルのたれのおいしさに定評がある。著書に『善玉菌とやせ菌を増やす ちょっ早 ゆる腸活ごはん』（主婦と生活社）、『超定番12食材でおいしさ無限250レシピ』（新星出版社）など多数。Instagram:@musashiyuko116

STAFF
撮影　千葉充
スタイリング　石川美加子
本文デザイン　浜田純子
校正　西進社
編集協力　中村円

※本書は弊社発行『たれソース700』を再編集し、
改題したものです。

味つけのきほん
ずっとつかえる　たれソース

2023年　1月10日　第１刷発行
2024年　5月10日　第７刷発行

著者　武蔵裕子
発行者　永岡純一
発行所　株式会社永岡書店
〒176-8518
東京都練馬区豊玉上1-7-14
電話 03-3992-5155（代表）
03-3992-7191（編集）
DTP　編集室クルー
印刷・製本　クループリンティング

落丁・乱丁本はお取替えいたします。

ISBN978-4-522-44046-9　C2077